A VOCES Y RISAS DE CHANITO ISIDRÓN

Amor Benítez Hernández

© 2022 Amor Bernítez Hernández
©Unos&OtrosEdiciones, 2022

ISBN- 978-1-950424-45-0
Título: A voces y risas de Chanito Isidrón
Edición: Armando Nuviola
© Amor Bernítez Hernández

www.unosotrosediciones.com

Un publicación de UnosOtrosEdiciones
Prohibida la reproducción total o parcial, de este libro, sin la autorización previa del autor.

Queda prohibido bajo las sanciones establecidas por las leyes escanear, reproducir total o parcialmente esta obra por cualquier medio o procedimiento así como la distribución de ejemplares mendiante alquiler o préstamo público sin previa autorización.

Gracias por comprar una edición autorizada.

Hecho en Estados Unidos de America, 2022

AGRADECIMIENTOS

A la memoria de María Esther Díaz Rodríguez, viuda del poeta Chanito, por creer en mí.

José Luis Zamudio, poetas y cultores de la décima humorística que aman a Chanito en Cuba e Iberoamerica.

Waldo Leyva y Alexis Díaz Pimienta, por dejarme hacer.

Emiliano Sardiña, su esposa Mary y José Enrique Paz, Papillo (repentistas), por su ayuda oportuna.

La poetisa y escritora Encarnación de Armas Medina (Encarna), en homenaje en su 80 cumpleaños.

Mis Eldris: Amor, hija, madre, hermana, a mi hermana menor Odalis, y a mi ex cuñado Juan Carlos Fernandez.

Geramel (hermano), Gleiby (sobrina), Miriam (cuñada), su padre Monín, cultor de la décima de Jaruco. Por llegar a tiempo.

Mongo Cruz y Belki Benítez (tíos), donde quiera que estén los sigo queriendo, y a mis primas y primos: Martha, Ramonín, Damaris y Doris, Mayda por soportar mi infancia, y también mi vejez.

Eduardo, Lubay, Marbelysn, esposo y primos.

Leuso Hernádez (tío, improvisador), Caridad Corrales Cary su esposa y mis primas: Tania, Dargis, Daisy, Dalía, Lida, Leusito, Leity; a ellas, por decirme todavía mama.

Elisa Reyes, Icha y Orestes Pi, Pililo. Mis abuelos y Milagro mi tía y mi tio Joel y mis primos; Joelito y Noel.

Mis compañeros de trabajo: Luís Paz, Papillo, Pedro Gonzáles, Hydée, Vivían, Consuelo, Barbarita, Barbarito, Yeny, Alina, Lola y demás familiares. Por mis largas horas en el Centro, sobre todo a la hora de los almuerzos de los martes...

Mi mamita adoptiva Aleida en su memoria y mi socia María Modesta por quererme y acatarme como un miembro más de la familia, mi amigo Chef Saúl por cocinar para mí igual que al escritor Richart, esposa, Renata hija, y A Héctor.

Mi familia del Fraile, Fidela e hijos: Edito, Osmel, en homenaje a su niñez; Juan David, su nieto y mi hija adoptiva Eime y Lisbel; por dejarme ser «yo»

Mi familia de Cenea: Angel Dario, Lourdes, El Polaco y Diana, por soportar mis almuerzos.

Mi consejo editorial en Cuba, mis alcanges: Miguel Darío, editor; Raúl San Miguel, redacción y Juan Miguel Rodríguez Montes de Oca, transcriptor y por su ayuda incondicional.

A la memoria de Joel Benítez (tío), Geramel Benitez (mi padre); que siempre quiso que estudiáramos.

Mis vecinos y en especial a Hilario por su preocupacion por mis comidas, Mario Alberto Perera, Mayito, Antonirta, esposa, Yarian Ani, Nataly Emily, mi ahijada, por hacerme su gracia.

Los danzoneros y sobre todo a mis colegas: Mayra, Mercedes y Dianelys.

Ada Carballo, compañera de escuela en mi primaria en Jaruco, hoy profesora de Thay Chi; Yuniel y Renieri, por ser mis amigos cuando más los necesito.

Eldris Jabao por su asiento oportuno en el camello.

A la memoria de Gregorio y a Jorgito, mi hermano negro.

A la familia Orama, en especial a mi precioso e inteligente nieto. Irnaldo Díaz Orama, su padre, ejemplo de buena persona.

Mis vecinos, Eneida, Alarcón, Rachel y familia

Arturo y Lidia, por ayudara abrir la puerta...

Yusleidy y Osmundo Simón, por sus pleitecias.

Amor, 2017

ÍNDICE

Agradecimientos 7

Prólogo 11

Humor 15

ASÍ LO RECUERDAN 37

Controversias y Décimas en voces 57

La poesía oral improvisada y sus portadores 115

Bibliografía 147

PRÓLOGO

Bienvenido, Chano. Así se me ocurre comenzar este comentario que compartiré con todos los amantes de la décima, el punto cubano y el humor guajiro. En todos los países, en todos los pueblo, en todas las culturas y en todas las épocas ha habido personajes míticos, historias relevantes y nombres imprescindibles, pequeño y hermoso país no escapa de eso porque ha tenido la suerte de tener hijos que han devenido historias cotidianas y han trascendido los espacios del tiempo y el olvido para quedarse en la memoria colectiva de la nación, o por lo menos en una parte de ella, ese es el caso de Chanito Isidrón, genio y figura hasta más allá de la sepultura.

Chanito fue la voz del guajiro cubano, la voz de la gente humilde y salvador de todos aquellos que pudieron ser devorados por el desánimo y la tristeza y terminaron siendo bendecidos por una carcajada o por lo menos aliviados por una sonrisa después de oír una o varias de las ocurrencias del elegante poeta de las villas.

La primera cualidad que quiero resaltar del poeta, es la sencillez de su lenguaje, nunca utilizó palabras rebuscadas para impresionar o para dar a entender que tenía la cultura que no le faltaba, su discurso era transparente y sencillo, al alcance de todos y su repertorio inagotable, nadie como él retrató la vida de la gente del campo ni tuvo la paciencia de escribir tantas obras humorísticas ni la versatilidad asombrosa que le permitió conseguir el humor escribiendo e improvisando.

Como persona también era sencillo y más que sencillo, sensible y humano, que un hombre tan reconocido, tan famoso y tan respetado dentro del ambiente cultural del país llegara a la cama de un joven soldado en un hospital militar a saludarlo, a darle ánimo y a comprobar que dentro de ese soldado había un futuro poeta improvisador fue para mí la primera prueba de su grandeza y de una humildad que con el tiempo se convertiría en mi espejo.

Luego pasaron los años y comencé a familiarizarme con sus décimas, sus grabaciones, con los apuntes de María Teresa Linares y sobre todo con las encarnizadas controversias que entablaba con Rigoberto Rizo después que Rafael Rubiera trasladara su voz y su alma al lugar donde cantan los poetas con cuerpos invisibles y voces silenciosas, sin embargo cuando de verdad lo conocí fue cuando comencé a ser un trotamundo de la décima y fui topando en diferentes pueblos de Cuba con poetas que habían cantado y compartido con él, como el difunto Ramón Gil, Choly Chávez y el viejo Micho Plascencia, por solo mencionar a tres de sus rivales cuando iba a Quemado de Güines, uno de los tantos pueblos donde dejó sembradas sus huellas para que algún día futuros caminantes supieran que él pasó por esos lugares, a donde volvió muchas veces después de ser una celebridad, demostrando que logró llegar a las ramas más altas sin desprenderse de sus raíces más profundas, así grande y sencillo como cuando salía de la capital y se daba la vuelta por Iguará para pasarse unos días de parranda con Antolín Rollero y después seguir a Tres Guanos, La Rana y casi peinar todos los barriecitos esos desde Taguasco Hasta Yaguajay.

En las décimas de Chanito escuché palabras que no sabía el significado y que nadie me lo podía decir, siempre me pregunté a qué se refería cuando dijo:

> Y yo le dije, ay bendito
> Usted Ruperto y María
> ni con mofongo y Yautía
> mantienen tantos chiquitos

Pero en mi primera visita a la República Dominicana, dos de las primeras cosas que me preguntaron fueron ¿ya probaste el mofongo? ¿Ya comiste Yautía? Y ahí fue que supe que Chanito hablaba del fufú de plátanos y de la Malanga o Guagüí y entonces me dije: «Chanito no solo recorrió los campos de Cuba y Puerto Rico, ese gallo cantó por aquí también».

Cuando se habla del hijo de Calabazar de Sagua, siempre se le relaciona con el verso humorístico exclusivamente y para mí eso es tabular la obra de un poeta que cantó muchas décimas serias y que iban desde lo romántico y lo amoroso hasta lo político y social, si, era un cómico por excelencia pero cuando había que apretarse el cinto y batirse a décimas con los más respetados en la décima seria, él lo hacía y a gran altura aunque a su lado estuviera el mismísimo Indio Naborí.

En ocasiones no disfrutamos a plenitud su obra porque vamos directamente a buscar la carcajada y no nos damos cuenta que detrás de la comicidad hay una seriedad muy sutil.

Como en las décimas que recita con estribillo y orquestación en defensa de la suegra.

No le tires a tu suegra, que es madre de tu mujer...

Y nos pone a reflexionar sobre un tema que siempre manejamos negativamente poniendo la suegra como un monstruo y no viendo en ella lo más elemental, que es un ser humano, que es madre también y que como es lógico siempre hala para su hijo o hija.

No quiero terminar este comentario sin detenerme en un punto que a mí me parece necesario destacar, la décima es un arte popular y aun cuando en otros tiempos haya sido para la élites, aún cuando hay décimas que son verdaderas joyas poéticas y de un valor literario enorme, si un decimista no logra que por donde quiera las personas repitan sus décimas, no logró llegar a donde sí pudo Chanito Isidrón. En Cuba hay muchos casos de grandes poetas de los que nadie se sabe un verso, pero todo el que conoce algo aunque sea muy superficial en este género, se sabe algo de Chanito, el que no te habla de la vieja primitiva, te habla de *Camilo y Estrella*, no importa que no sepa que la novela en décimas del célebre poeta villareño se llama *Amores Montaraces*.

Y qué decir de la anécdota que se sabe casi todo el mundo, cuando lo sorprendió la guardia rural haciendo popó en un campo de cañas, dicen que los guardias rurales le preguntaron ¿Tú eres de esos que andan prendiendo candela a los cañaverales?

Y que él respondió, no, yo soy poeta y entré aquí porque estoy mal de la barriga, pero como los guardias seguían desconfiando les dijeron:

Bueno si tú eres poeta improvisa algo para saber que es verdad y Chanito al instante respondió con una redondilla humorística.

En la finca corral nuevo
cagó Chanito Isidrón
aquí les dejo el mojón
pero el culo me lo llevo.

Por último quiero dar las gracias a Amor Benítez por su excelente trabajo en esta recopilación.

Yo más que nadie se con cuanta paciencia ha trabajado y con la pasión con que ha llevado a cabo este proyecto, ha sido incansable, como una abejita laboriosa o tal vez haciendo un trabajo de hormiguita, poco a poco, sorteando dificultades, venciendo la escasez, y enfrentando las limitaciones pero sin rendirse, sin dejar de soñar, poniendo en su trabajo el interés colectivo por encima del interés personal y entregando tanto amor en su tarea que apenas le queda nombre, así es que gracias Amor por devolvernos a Chanito, gracias por poner en las manos de muchos cubanos un libro que nos hará reír, reflexionar y que nos hará olvidar por momentos que hay que fajarse con una guagua en ayuna, que a alguien se le ocurrió poner a *Palmas y Cañas* por un canal que no se ve en las zonas rurales, que todos los pueblos que antes daban tres días de rincón campesino en las fiestas populares, ahora dan uno o ninguno, que en Güines una plaza emblemática del repentismo y las tradiciones campesinas, suspendieron el concurso de las flores de Virama porque eso promueve no sé qué cosa mientras garantizan todos los recursos y propagandas necesarios para hacer un evento donde seleccionan al *gay* más lindo del pueblo.

Gracias Amor por hacernos saber que todavía tenemos personas que defienden lo más auténtico de la cultura cubana, gracias por decirnos que pese a todo, Chanito Isidrón está y estará por siempre en la memoria viva de la nación.

Emiliano Sardiñas (Santiago de Cuba, 1965). Repentista y humorista.

HUMOR

El mundo de la oralidad pasa a ser espacio perfecto para la búsqueda y reconocimiento de los símbolos, forma parte de una tradición de poesía popular, que tuvo su origen en los romances y décimas traídas por los conquistadores. La poesía oral improvisada ha estado muy vinculada con nuestros ancestros, a lo largo de toda la historia ha sido un arte que se traslada por las generaciones, de padres a hijos, de abuelos a nietos, de familia a familia y de pequeñas comunidades a todo un pueblo.

La espinela[1] fue arraigándose con el sabor y los temas de la vida campesina hasta fijarse la peculiar décima guajira, cantada al son del tiple y el güiro, el laúd, el tres y la guitarra. La décima cantada, escenario de encuentro entre poetas se fue enriqueciendo a través de la imitación y la repetición. Entrevistas realizadas a improvisadores legendarios nos confirman que aprendían a cantarla de «oídos». Así desde la Colonia se extiende la décima como forma estrófica de la poesía oral improvisada por todo el país, con mayor vitalidad en las provincias occidentales: Habana, Matanzas, Pinar del Río, las Centrales y en menor proporción en las orientales.

Un fiel exponente de la forma de atrapar el arte de la poesía de su tiempo es Chanito Isidrón quien nos traslada su arte poético de una generación a otra y esta transición, se asimila como un conocimiento adquirido por grandes grupos sociales.

Repasando la historia cubana de la poesía, comprendemos que no es hasta el vanguardismo 1927-1930, que se comienza a utilizar el humor como un juego de metáforas con diversas formas. Las variadas tendencias estéticas que cruzaron sobre nuestra poesía la precipitan al vacío, mas se salvaron de ello, José Zacarías Tallet,[2] que utiliza la jerga de calle, y Nicolás Guillén, recoge en su creación literaria, epigramas, letrillas, aleluyas, cuartetas, décimas, se

---

[1] Espinela, llamada así a la décima en honor a su creador, el poeta Vicente Martínez Espinel, de Ronda (¿1550-1624?), escribió las *Relaciones de vida del escudero Marcos de Obregón*,1618 y su libro *Diversa Rima*, cultivó y difundió la décima para la posterioridad.

[2] José Zacarías Tallet (Matanzas, 1893- La Habana, 1989). Poeta, periodista, graduado de contador en Nueva York, obras poéticas: *La Semilla Estéril, Orbita, poesía y prosa*, entre otras.

surcaban de la puya burlesca contra la corrupción administrativa de los gobiernos de Prío Socorrás y Fulgencio Batista.

Samuel Feijóo[3] explica sobre un salto de calidad en la manera de hacer de estos: «(…) Estos poetas populares hallan muy inmediatos al estilo folclórico, pero bordean y aun irrumpen victoriosos en la línea llamada «culta». Crearon un saludable caudal del humor, un Amazonas borboteante, espumoso, feliz en la poesía cubana… por muchos años discriminada por los falsos patriarcas de una cultura sin todas las raíces propias».[4]

Nos encontramos ante la décima y el humor, La décima, la espinela, «inventada» por Vicente Espínel, a fines del siglo XV, es la composición poética de diez versos octosilábicos que riman, primero con cuarto y quinto; segundo con tercero; sexto con séptimo y décimo y octavo con noveno. La décima se extiende, se crea, se canta se improvisa con temas serios o de humor En el siglo XVIII, la décima, estrofa difícil se incorpora como poesía y tonada, hoy es el punto cubano.[5] Pero, ¿el humor qué es?

Jesús Orta Ruíz, el Indio Naborí refiere en el prólogo al *Cuaderno del Profesor Ramón Espinosa Falcón*: «el buen humor viene al cubano de su misma sangre».

Se diría que el mestizaje de nuestra nacionalidad se ha fundido el ingenio Español y la risa contagiosa de los negros, como si se fundieran en una sola persona y en un solo acto poético, Francisco de Quevedo[6] y Villegas y Nicolás Guillén, en una competencia de pícara alegría.

En el siglo XVIII se dan a conocer décimas chistosas como las del poeta cubano José Rodríguez Ucres, el padre Capacho,[7] en la otra centuria se destacó el poeta neoclásico Manuel de Zequeira y Arango

---

[3.] Samuel, Feijóo (1914-1992), poeta, pintor, Investigador y escritor de numerosos libros, destacándose *Los Trovadores del pueblo*, editado por la Universidad Central de las Villas, 1960, recoge canto y décima de los poetas populares del país en aquella época, en los que se encuentra la obra de Chanito Isidrón Torres.

[4.] Samuel Feijóo. *Poesía Humor en Cuba, Crítica Lírica*, Editorial Letras cubanas Pág.167.

[5.] Punto cubano: derivación del zapateo y de la décima, según Sánchez de Fuentes en su libro *El folclor en la música en Cuba*, constituyó la actividad musical por excelencia de nuestros campos, 1923, pág. 51.

[6.] Francisco De Quevedo, representaste del llamado Conceptismo, su obra tiene tantos méritos como el de López y Góngora, fue enemigo de este último y afiló contra él defensa y ataque, sus armas, la sátira, acerbos líbidos, agresivos de males sociales y políticos, sus conceptos son curvas de doble filo, cortantes y fuertes como el acero, en sus versos, sonetos quintillas, redondillas, etc, era tan apasionado en sus afectos como en sus odios.

[7.] Rodríguez Ucre, José, conocido como el padre Carpacho. Versificador que utilizaba la espinela con buenos logros poéticos en el siglo XVIII.

con su gracia cubana con que esbozó su décima, mediante la cual construye y da aliento poético a situaciones del absurdo y el disparate.

> *Carlos XII, rey de China,*
> *en medio de este rumor*
> *dictaba sobre un tambor*
> *varias cartas a Agripina:*
> *Y el cardenal de la Mina*
> *que era un soldado sencillo,*
> *le envió a Horacio en un anillo*
> *por piedras muy delicadas,*
> *seis esmeraldas rosadas*
> *con un granate amarillo.*

En la expresión chistosa a todo lo ancho del siglo XIX, se destacaron las de Creto Gangá, seudónimo del español Bartolomé José Crespo y Borbón, quien escribió en lengua «bozales»[8] originando un estilo popular que José Lezama Lima destacó en la obra de Grabiel de la Concepción Valdés (Plácido)[9] llamó el punto de partida de la poesía negra en Cuba.

Gabriel de la Concepción Valdés, Plácido, poeta, improvisador absoluto llamado[10] así por Cintio Vitier, es autor de numerosos epigramas. De una situación dada, un tema cómico, grotesco o burlón sirve a Plácido como pretexto poético para engendrar sus obras, distinguen entre ellas el dedicado a la marquesa de Arcos: (fragmentos)

> *Estaba revoloteando*
> *por el ambiente exquisito*
> *muerto de sed un mosquito*
> *jugo de flores buscando.*
> *Halló tu boca y pensando*
> *que era un lirio o un clavel:*

[8.] Décimas de «bozales» escrita por Creto Gangá en los años de una gran represión contra la población negra por el gobernador O´ Donnell cuya desenlace fatídico fue el proceso de la «escalera» el cual produjo un duro golpe en la población negra y los representantes de ese sector en las letras cubanas con el fusilamiento de poeta Plácido.
[9.] En enero de 1884, por la llamada «Conspiración de la escalera» es encarcelado Plácido en Matanzas. El 27 de junio, por un proceso injusto se le comunica la sentencia de muerte y antes de morir se le deja libre las manos y escribe una composición titulada «A la Justicia». Plácido escribió epigramas de connotación social según el folleto *El epigrama en Cuba* de Andrés de Piedra Bueno.
[10.] *Obra de Placido*, editado Arte y literatura en 1977, pág.97.

> *Introduciéndose en él*
> *porque allí el placer le encanta*
> *murió en tu dulce garganta*
> *como en un vaso de miel.*

… En una reunión familiar donde se bailaba y cuyo ambiente olía a sudor se le pidió este pie forzado «el aroma que ella exhala». Humor legítimo logró Plácido, con el siguiente pie forzado:

> *No concibes cuánto inspira*
> *una música excitante*
> *al favorecido amante*
> *que con su amada se mira;*
> *En torno danzando gira*
> *de la iluminada sala,*
> *luce su brío, su gala,*
> *se entusiasma, se embelecé,*
> *y ámbar puro le parece*
> *«el aroma que ella exhala».*

Dentro del siglo XVIII, encontramos los epigramas de Manuel de Zequeira y Arango, poeta y soldado, sus primeras ensayos poéticos aparecieron en el *Papel periódico de la Habana*, de la cual fue su director, cuenta con varias obras con diferentes mensajes políticos, económicos, etc. Zequeira en el humor utiliza el disparate, en contraste entre el tiempo, la geografía, la historia, y nos regala sus improvisaciones:

> *Entonces dicen que fue*
> *Cuando con presteza suma*
> *salió huyendo Montezuma*
> *sobre el arca de Noé.*
> *A este tiempo Berzabé*
> *con chinelas y tontillo,*
> *en Mantua asaltó un castillo,*
> *y entre otras cosas que callo*
> *dio una carrera a caballo*
> *sobre un filo de un cuchillo.*

El humor con disímiles definiciones se transforma teniendo en cuenta cada época y su contexto. El investigador Samuel Feijóo se refiere del siguiente modo:

El joven Chanito Isidrón

«El humor puede estar en el tono, a veces muy sutil, del poeta.
Puede estar en el pensamiento, en los versos.
Puede estar en las metáforas, en imágenes bien logradas.
Puede estar en los vocablos, en su manejo.
Puede estar en la atmósfera del poema.

En el interno y en el contorno.
En la sugerencia, en el símbolo, en un giro insólito del verbo».[11]

El poeta José Manuel Poveda nos dice en un artículo «El Humor criollo en la poesía de los años veinte», refiriéndose al auge en la prensa política:

> «El buen Humor lírico, bien pegado, mantiene en servicio toda una bandada de pájaros alegres. Pero aquí viene lo triste; su risa es demasiado pobre. Un carcajear incesante, de todo y por todo, y casi ausente, sin nervio, sin gracia, sin genio».

Añadía, Poveda, sarcástico: «Si a la selva criolla le gusta que la hagan reír, es muy difícil que salgan ruiseñores».

En el siglo XX, el humor tuvo un gran desarrollo con los poetas improvisadores, según Naborí como Juan Pagés, Agustín P. Calderón, Adolfo Alfonso, Rigoberto Rizo, Chanito Isidrón, y también Bernardo Cárdenas y otra poetas escritores como Nicolás Guillén.

El improvisador, Bernardo Cárdenas decía:

> «El humor puede estar en cualquier dicharacho, en el mito, en la cuentería criolla, en una parodia, en los refranes, en la adivinanza, en las composiciones poéticas» (En la poesía la obra puede estar escrita en cualquier estructura: cuarteta, décima, verso libre etc.) «sabemos que una décima buena, como un soneto, un romance, una octava real; cualquier pieza literaria (Es una obra que tenga connotadas imágenes en su escritura) si tiene el picantico del humor, lleva un sello más...».[12]

Muy conocidas son sus décimas *El dolor de Muela*.

1

LLega un tal Pedro, "Perucho",
al dentista Ayón Antuna
para que le vea una

[11.] Samuel Feijóo. *Poesía de humor en Cuba*, Editorial Letras Cubana, pág. 165.
[12.] Bernardo Cárdenas. *El humor en la décima*. Archivo del Cidvi, Ponencia Inédita. 2003.

muela que le duele mucho.
Me parece que lo escucho
diciendo con desconsuelo:
-Me da molestia y desvelo
(amén del cuerpo zocato)
desde el tacón del zapato
hasta la punta del pelo.

2

Y oigo mal, pierdo la vista,
el tacto, el olfato, el gusto,
sin siquiera hablar del susto
que me ocasiona el dentista.
Más, como no hay quien resista
ni un minuto este dolor,
vine; pero, por favor,
haga todo lo posible
y si no es imprescindible
no me lo saque... doctor.

3

Y se vio al doctor Ayón
con un aplomo tremendo
mirar la muela, diciendo:
-¿Usted es hombre o ratón-
-Que me da mala impresión
y deseo de gritar-;
se oyó el paciente exlamar.
Y Ayón dijo con dulzura:
-Pues, esta no tiene cura
se la tengo que sacar.

4

-No diga eso, por favor
-dijo obligado el paciente;
mientras comenzó en su frente
a hacer perlas de sudor.

> *—¿ Y duele mucho, doctor?*
> *—interrogó el afligido*
> *para que el doctor, sin ruido*
> *contestara:—No lo engaño*
> *más de mil saqué este año*
> *y ninguna me ha dolido.*[13]

Son cantadas estas décimas por Rigoberto Rizo y Antonio Camino, en los programas del bando Azul, Inmortal[14] en la década del cuarenta.

> **R:** *El viejo Pedro Ronquillo*
> *le dijo a su esposa Lina*
> *de tanto comer harina*
> *tengo el pellejo amarillo.*
> *Quiero meterle el colmillo*
> *al arroz que no me atora*
> *porque la harina señora*
> *no hay modo que me aproveche*
> *ni aunque la sirva con leche*
> *de novilla embestidora.*
>
> **C:** *Entonces la vieja Lina*
> *compró harina de corona*
> *que es la mejor que sazona*
> *y tiene más vitamina.*
> *El viejo le entró a la harina*
> *más contento que un chiquillo*
> *y gritó el viejo Ronquillo*
> *más harina vieja amada.*
> *Que es buena y vitaminada*
> *la Corona del Castillo.*
>
> **R:** *Y la harina la Corona*

[13.] Publicación Humorística del Semanario *Palante*, año 43, Abril, 2004.
[14.] Los Bandos, eran grupos organizados de poetas, repentistas, tonadistas, músicos y cultores que tenían una representante quien vendía las papeletas que respondían una firma comercial y competían en las grandes conciertos Criollos, en escenarios y siempre uno iba a ser el bando, ganador, así desde la década del cuarenta surgen los bandos: el Lila, presidia el Poeta Patricio Lastra el Rojo del poeta Justo Vega y más tarde en década del cuarenta el Banzo Azul dirigido por el poeta Antonio camino y Adolfo Alfonso, Rigoberto Rizo, Orlando Vasallo;Mario Amores (guitarrista) y Migdalia Rodríguez estos como tonadistas y Juanito Rodríguez Peña como laudista.

repitió con tanto abuso
que el ombligo se le puso
igual que una chambelona.
Una guira cimarrona
de café lleva su mano
bebió como un buen cubano
trajo un tizón su mujer
y se dispuso a encender
un tabaco Soberano.

C: *Encendió en la llamarada*
el tabaco de paquete
recostó su taburete
y aspiró una bocanada.
Y dijo a su vieja amada
apretandole la mano
-No hay en el suelo cubano
más feliz otro persona
con la harina de Corona
y el tabaco Soberano.

Llevar la gracia a su sitio no solo para causar goce, sino para enriquecer el espíritu del hombre, hacer un análisis en su contenido y en su forma para que tome el cauce necesario, es decir, el humor en la poesía oral se hizo por sí y para sí, con un gran sentido de los colores.

Hay otras que por sarcasmo, rudeza, violencia, hallan humor en las metáforas gruesas que provocan carcajadas. El pueblo cubano es aficionado al epigrama, en el periódico, el libro, la tribuna y la conversación. En muchos lugares y en cualquier momento se puede escuchar un epigrama de un buen gusto. El llamado «choteo»[15] es una «vena epigramática criollo».

En Cuba es muy gustado el epigrama, el choteo según Feijóo es la vena del epigrama Criolla, Francisco de Paula y Coronado

---

[15.] El verbo chotear, en su acepción de embromar parece indicar un cubanismo, las diferente fuentes idiomáticas según Fernando Ortiz en sus pesquisa procedente de «achote», voz antillana que designa la semilla usadas por los aborígenes para pintar de rojo la piel,- Choteo es definido por Jorge Mañach como cierta tendencia a no tomar nada en serio. El Choteo, de chote, planta de colorear, utilizada por nuestros indígenas, pintaba el rostro, con otro nombre como bija, planta que su semilla color rojo anaranjado utilizada por nuestros campesinos para colorear las comidas, arroz, fricasés etc. y los artistas plásticos para sustituir algunas pinturas.

en su articulo «El Epigrama» resalta el regusto cubano por la epigramería sátirica rompecajas. En conversaciones, en libros, etc, están presentes, podemos ver en la obra de Juan Cristóbal Nápoles Fajardo, el Cucalambé:[16]

> *Cuando algún escritor necio*
> *te critique dando gritos,*
> *al autor y a sus escritos*
> *condénalos al desprecio.*
>
> *Que hay quien a risa provoca*
> *porque tiene toda luz*
> *puro seso en el testuz*
> *y mucha lengua en la boca.*

En un artículo publicado en el periódico *El Fígaro*, editado en 1908, aparecen rasgos de Humor: «No es la risa ordinaria del vulgo, que enseña todos los dientes entre contorsiones y visajes; es una risa triste y profunda, nacida de la importancia para reparar los males y las injusticias; en el intelecto que existe atado al espectáculo de lo irremediable. En vez de gritar y enfurecerse, sonríe dejando ver en sus pupilas la gota de una lágrima. Una aspiración de mejora, sin embargo, lo anima; pero de mejora en lo que se refiere a la flaqueza humana. En el humorismo ríe más la inteligencia que el corazón; aunque a veces el corazón se le sube a la boca».

En Cuba, el humor está presente en las diferentes obras de heterogéneos poetas, refiere el poeta Alexis Díaz Pimienta en su libro *Teoría de la improvisación*. Importantes en la contemporaneidad son las obras poéticas de Nicanor Cabrera, el Padre Capacho, Bernardo Cárdenas, Rigoberto Rizo, Ramón Espinosa (más conocido como el Profesor Espinosa), Adolfo Alfonso, Tomasita Quiala, Emiliano Sardinas, Julito Martínez, Raúl Herrera, Luis Martín, entre otros repentistas. Algunas de estas creaciones eran cantadas o repentizadas.

[16.] Juan Cristóbal Nápoles Fajardo, EL Cucalambé, poeta, escritor, sus primeras letras fueron enseñada por su abuelo paterno y hermano mayor, le dieron clases de Retórica, y poesía y lo acercaron a las obras de Horacio, Virgilio, Teócrito, Garcilaso entre otros, su primera obra en décima fue publicada en *El Fanal de Camagüey*. En 1956 sus versos fueron recogidos en una colección llamada Rumores del Hórmigo. Es popularizado con el Seudónimo Cucalambé. La critica lo reconoce como la culminación criollista-Siboneísta. Es recordado por el campesino cubano y se canta en los campos de Cuba y en Homenaje se realizan las Jornadas Cucalambeanas municipales y provinciales en el país y las Nacionales en las Tunas desde 1993.

En las variantes de la contradicción entre el hombre y la mujer, se destacan Minerva Herrera y Martín Rodríguez, como «Pipo y Mima», Cheo y Carmelina, Madeline y Riverón; entre los jóvenes aparecen Enrique y Alina, Olga Lidia Posada y Albertico Rodríguez, poetas que en la actualidad continúan cultivando la décima humorística en programas de radio y televisión.

En el programa *Palmas y Caña* estuvo la sección del profesor Espinosa y otros de nuestros humoristas y que también salía en el Semanario *Palante*[17] en el Dímelo Cantando.

A: Profesor Espinosa.

Profesor Espinosa:

Tengo 77 años, aunque soy bajito y delgadito, pues peso sólo 92 libras, un día vi a Fefita, la Guarachera del Guaso, y me enamoré de ella. Yo también tengo mis condiciones artísticas, pues canto tango y bolero muy bien. No sé si ella será casada, o si como es tan hermosa no se fija en mí, pero yo nada más que de pensar en ella pierdo la noción del tiempo y no atino ni a comer. Usted que ésta más cerca de ella, aconséjeme y dígame si puedo tener alguna esperanza.

Andresillo, el enamorado de Fefita, de Campo Florido.

Respuesta:

No te embulles, Andresillo,
la Guarachera del Guaso,
tiene más carne en el brazo
que tú del cuello al tobillo.
Aunque cantes más que un grillo,
con esta aventura espero
que ni tango ni bolero,
vas a poder cantar más,
con Fefita solo vas
a cantar el manisero.

A partir de 1959 cambia la situación económica de Cuba. Es ese el momento, el poeta improvisador encuentra un espacio para su pleno desarrollo, de repentista pasa a escritor, de orador a investigador.

---

[17] Publicación Humorística. Año 42. número 11, noviembre del 2003.

Uno de los grandes poetas humoristas de Cuba nace en el siglo XX, exactamente un 26 de septiembre de 1903, en un pueblecito de Calabazar de Sagua, Villa Clara, Cipriano Isidrón Torres (Chanito). Desde pequeño por la situación económica en su hogar debe trabajar en varios lugares, como en los centrales azucareros. Chanito, hizo suya la décima, y alegraba a quienes trabajaban con él con su palabra picaresca, afirma: «Figúrense los disparates que a esa edad yo les improvisé, pero a ellos les gustaban mis cantos».[18] Era lógico en un principiante las novatadas al componer en la mente un verso, pero ni Ricardo ni Chana (sus padres), se imaginarían que el hijo más pequeño, que en ciertas oportunidades veía tocando bandurria, con el tiempo se convertiría en un gran poeta, con estilo original y fino humor criollo.

Las décimas de Chanito se inspiraban en diversos motivos como el día de los Reyes, la filosofía africana, la guayabera, entre otros.

Las que se pintan el pelo:

Hace poco he visto yo
a una dama encopetada
que con bija colorada
el cabello se tiñó.
Un día se le corrió
la bija por todo el traje
y al regresar al paraje
le dijo alegre a su hija:
«Bueno, ahora sí que la bija
le dio color al potaje».

Las décimas de Chanito reflejan la transculturalidad cubana y muestran su idiosincrasia desde las variadas raíces que la componen. Además, evidencian las problemáticas sociales del tiempo en que transcurre la vida del decimista. Chanito fue un hombre que se destacó cantando fluidamente las diferentes temáticas del campo cubano. Sus actuaciones en teatros fueron muy aplaudidas con el gracejo del campesino. Colaboró en revistas literarias como *El Duende, La Política Cómica* y *El Heraldo de Las Villas*.

Recordemos la entrevista ofrecida por Chanito a Cadena Azul:

[18.] Isidrón Torres, Chanito: Documentos de la época, entrevista en «Dímelo Cantando», 1940.

«¿Ha vivido usted la vida campesina que con rasgo tan elocuente pinta en sus décimas de Dímelo Cantando?».
«Si, soy campesino de nacimiento y de crianza. Nací en el campo y mi mayor orgullo es ese, mis padres eran también campesinos».

Clavelito claves, Andrés Martín Moriano (laúd), ¿? y Chanito Isidrón (guitarra). Santa Clara, Cuba, 1938

Chanito, décimero desde niño, hecho junto al surco, al calor del bohío, víctima de las injusticias sociales como todos los campesinos de aquellos tiempos, orgulloso de vivir en el campo y elige un oficio muy humilde, que luego se convirtió en una profesión admirable, sale Chanito desde el 1 de Junio 1921 a recorrer los campos, sin otro equipaje «que una guitarra y un alma llena de ilusiones».

Diesiseis años duró la peregrinación por pueblos y campos de Cuba, nos dice Chanito participando en canturías o conciertos Típicos Criollos, en programas radiales, TV, más tarde, así es expresada en crítica social de la época, recogida en la *política Cómica*.

En su colombina hermosa
compuesta de alambres fijos
dormia con nueve hijos
la vieja doña Glandosa.
Que gritaba-Santa Rosa,
Jesucristo, Santa Trina,
baja aquí, Virgen divina,
y le gritó un inocente
-mamá no llames más gente
que rompen la colombina.

En 1987 Chanito canta por primera ves en la estación de radio la CMHJ de Cienfuegos, uno de primeros fundadores de los programas campesinos radiales en Cuba, era un gran tonadista, popularizó la tonada del café, y un gran repentista escribió libretos y novelas radiales como *Camilo y Estrella*, *Abnegación*, esta última patrocinada por la pasta Gravi, entre otras, con el lenguaje propio del campesino cubano que trajo como resultado que fuera escuchado y aceptado por la radioaudiencia en la zona central del país.

En la CMHI de Santa Clara con diferentes compañeros como Miguel Alfonso Pozo (Clavelito), poeta, de fácil inspiración y simpatía, realizó un programa que hizo mucho «ruido» en todo el país, sus trasmisiones se realizaron en la Cadena Azul de radio de Santa Clara. El 4 de Enero de 1941, llegó Chanito a la Habana en aquella época nos cuenta Chanito en sus memorias ya eran conocidos los poetas Justo Vega, Patricio Lastra, Fortúm del Sol, Colorín, Gonzalo de Quesada, Pedro Guerra, Antonio Camino, Eloy Romero, José Ramón Sánchez, José Marichal; Jesús Orta Ruíz, El Indio Naborí y Angelito Valiente. Estos poetas representan lo mejor de la décima y poesía oral en Cuba con sus estilos propios, sus tonadas, que si algunas décimas se la llevó el viento por no ser grabadas otras fueron atesoradas en radio, por archivos particulares y publicaciones, en folletos y hojas sueltas, hoy en libros.

La primera actuación en la Radio, la COCO, sustituyendo al poeta Paulino Ojeda que era militar, seguidamente fue invitado por el poeta Gonzalo de Quesada en Tápaste, hoy provincia Mayabeque, donde recibió «la mejor paga» en aquellos tiempos, seis pesos. Es decir fue aceptado por el público y sus compañeros y se le pagó lo mismo que a los otros poetas, esto nos da la medida de la aceptación de poeta y la situación económica de décima y el humorismo cubano.

En esa misma época Chanito forma parte del Cuarteto Nacional de Trovadores que dirigía Justo Vega, gestado en la Cadena Habana logrando grandes éxitos, después desaparecida (abril, 1941) integra el Bando Lila de Patrico Lastra que se originaba en la CMCH, y también actuó en el Cuarteto Siboney que dirigía el Cacique de Artemisa.

Es invitado por Enrique Parra, amigo de Chanito el cual resalta su agradecimiento por haber ayudado a los poetas guajiros, para que fundaran un programa que debía salir al aire por la emisora Papá Levín. Se le puso el nombre de *Dímelo Cantando* (2 de mayo de 1941), dieciséis años y meses duró el programa, uno de los más escuchados en esos tiempos, Allí Chanito creó «Las Discordia Matrimoniales, La Caricatura política, La Adivinanza poética, entre otras. El programa lo Inició Chanito y Alejandro Aguilar y después se incorporó Eloy Romero con *Los Sordos de Cañón*; programa humorístico muy bien logrado y otro poeta Matancero Jorge Manuel Quesada. Chanito escribía los sucesos de Crusellas o sea la Guantanamera que se interpretaban décimas y también los del Dímelo cantando, este último con los derechos de la firma Gravi.

En el programa *Dímelo Cantando*, habían tres voces fijas: Chanito Isidrón, Eloy Romero y Alejandro Aguilar, pero además se creaban secciones especiales por indicación de Chanito para que se incluyeran otros poetas como: Domingo Díaz; Ficho, Agustín P. Calderón, humorista; Gónzalo de Quesada; Pedrito de Armas; Rigoberto Rizo, humorista; Indio Naborí y otros; como Radeúnda Lima para interpretar el suceso y después la Calandria, a los compañeros de Chanito se le dio mayor participación como a Naborí cuando se creó el bando EL Cucalambé.

Chanito estuvo veinticuatro años en la radio y actuando por teatro, ayudando a sus colegas y amigos y así en 1954 estando en el aire todavía el programa *Dímelo Cantando*, el Sr. Mario Barra, jefe de producción de la radio CMQ, le pide a Chanito montar un programa guajiro con destacadas figuras para el bando Rojo, nombró como director a Justo Vega, poeta, humorista, «grandes dotes de poeta, persona decente, organizador y por el respeto que inspiraba», nos dice Chanito. Por el bando Azul, designó a Angelito Valiente, poeta, muy distinguido y admirado por el pueblo, otros poetas designados sin coacción ni indicación: José Ramón Sánchez, El Madrugador; José Marichal Negrín, poeta hasta la médula y responsable en todo los sentidos; Alejandro Aguilar, considerado por Chanito como hermano; Francisco Reyes, El Cacique Jaruqueño (1919-1978) (en ese entonces estaba desempleado y más tarde alcanzó la fama; Adolfo Alfonso «poeta de bellísima voz y excelente poesía no había sido contratado»; Pedrito de Armas, poeta serio de estilo propio de mucha cultura e imaginación y excelente tonadista, siempre digno de respeto; Pedro Guerra, «rival peligroso en las controversias, desempleado también, los genios adolecen a veces de esa falta de no avanzar», incluido por Chanito en programas de larga duración por tres meses consecutivo en el Bando Cucalambé en las competencias Nacionales de la CMQ y después en *Patria Guajira* de Radio Cadena Habana, donde Justo Vega realizaba la dirección del programa.

Chanito reconoce las dotes de poeta improvisador y de las virtudes de Rigoberto Rizo. En aquella época no pudo ser contratado, después fue pareja de improvisación y el humor por los campos de Cuba, otros como suplentes para que nadie se quedara sin trabajar en este caso Gustavo Tacoronte, Eloy Romero, siempre fue querido por sus compañeros y el pueblo que lo ovacionó. Luego surgió el programa *Patria Guajira* donde estuvieron presentes Pedro Guerra, El Cacique Jaruqueño; Raúl Rondón; Radeúnda Lima; Justo Vega y Chanito Isidrón, con el acompañamiento de Panchito Lara, Modesto Morejón. Justo demostró sus dotes de poeta y organizador en *Patria Guajira*, y aquí también se le hacían homenajes a diferentes poetas. Se realizaron otros programas radiales para la firma Ariguanabo con dos solistas, Radeúnda Lima y Chanito Isidrón acompañado por Raúl Lima fue un éxito, así montaban otros similares con más voces, en Radio Progreso, Cadena Habana, Unión Radio, CMQ; donde Chanito contaba con un programa diario, de lunes a sábado y los domingos hacía una audición especial para la firma Bacardí.

En 1959 Chanito grabó doce números con décimas guajiras a instancia de su amigo Guillermo Álvarez Guedes que presidía la compañía Gema con subsidiarias en Nueva York, Puerto Rico,

Venezuela y Colombia, prendieron las seguidillas del café y el número de Jacoba fue contratado por una empresa teatral en Nueva York para actuar en veintidós *shows* en el teatro Puerto Rico de esa ciudad, donde tuvo la oportunidad de hacer controversias con Luis Flor Morales Ramos, Ramito, El Cantor de la Montaña de Puerto Rico. En entrevista al poeta Orlando Laguardia: «… en 1959 fue Chanito y para gloria de la décima, su triunfo fue rotundo…».[19]

Chanito aunque se jubiló en 1962 de los programas radiales, continuó colaborando en el semanario *Palante* hasta su deceso (1987), dejando para siempre el gracejo popular que caracterizó su obra, en la sección *Dímelo Cantando* donde seleccionaba, revisaba décimas, escribía y también fue objeto de pinturas y caricaturas de Pedro Méndez y Jesús López Palacio.

Chanito Isidrón Torres por sus cualidades, talento, simpatía y constancia en el trabajo, se ubicó en la vanguardia de su tiempo.

Su quehacer artístico lo realizó en diferentes lugares, en horarios nocturnos, canturías, guateques, en la radio y más tarde, en la televisión.

Con una «guitarra en el hombro y un corazón lleno de ilusiones», cantó en emisoras como: la CMHI de Santa Clara, CMHK La Casa de Virgilio en Cruces, CMHA de Sagua la Grande, CMHB de Sancti Espíritus, la CMHP La voz de los Laureles en Placetas; siendo esta una en la que más triunfara el poeta, nos dice su biógrafo Enrique Parra. Trabajó también en la RHC Cadena Azul de Santa Clara que posteriormente se trasladó para La Habana, en programas como: *Dímelo Cantando*, con Rafael Ruíz de Viso "Siboney", Eloy Romero, Alejandro Aguilar y Radeúnda Lima. Muy gustadas eran las secciones Sucesos, Broncas matrimoniales, interpretadas por Radeúnda y escritas por Chanito.

Radeúnda: *No, yo no pongo una mata*
de fruta bomba vestida
porque eso no tiene vida
cuando de pascuas se trata.

Chanito: *Dará una impresión más grata*
adornada en condición
y después en un rincón
si buena vista le das

[19.] *Recuento, Memoria de Puño y Letra de Chanito Isidrón*, Editorial letras Cubanas, 2009, pág.107-109.

> *los vecinos miran más*
> *los focos que el algodón.*
>
> **Radeúnda:** *Tú lo haces por no gastar*
> *en mi arbolito, la plata*
> *por eso quieres la mata*
> *de fruta bomba tumbar.*
>
> **Chanito:** *Lo que busco es no emplear*
> *de mala forma los reales,*
> *con esta mata tu sales*
> *ganando en cualquier terreno*
> *porque haces un dulce bueno*
> *de bombillos vegetales.*

En esta controversia de Chanito y Radeúnda se perfila un espléndido manejo del humor criollo con el uso del giro, del doble sentido puesto en función de la jocosidad respetuosa según los cánones morales de la época en que se cantaba, bastante regida por la censura moralista de los dueños de la emisora. Chanito utiliza como símbolo sexual la fruta bomba, utilizando el pretexto de la navidad.

Además, se muestran los problemas sociales, los hogares pobres, la escasez y el sentido dramático de la miseria se abordan con gracia, pero palpita en las décimas simbólicamente como una herida. La cultura incluye bienes simbólicos... según la antropología... «El pensamiento simbólico se halla entre los rasgos más característicos de la vida humana...».

En la polémica obra *Pantaleón y Dorotea* de carácter épico-lírico perteneciente a la poesía cubana se aprecia algunos bienes simbólicos. Se trata de estrofas con un corte narrativo, heredadas del romance, con pretensiones, o mejor, con insinuaciones líricas. Con virtudes y defectos propios de los decimistas populares de la época.

En ellas puede apreciarse un lenguaje directo, sin complejidades metafóricas, y donde el afán de comunicación, de trasmitir con solapado didactismo una idea sobrepuesta en este caso a lo cualitativamente literario. En ellas se aborda un asunto ético-sentimental desde un perfil humanístico, que patentiza la ductilidad de la combinación espineliana para tratar los más diversos temas.

Estas décimas eran declamadas con un alto valor escénico. Sus intérpretes las representaban valiéndose de un vestuario acorde con la psicología de los personajes, logrando una perfecta interacción con el público sobre la base de un humor refinado. También trataban de corroborar no solo la universalidad y atemporalidad de los sentimientos, sino como en el caso de Pantaleón y Dorotea encontramos conceptos opuestos, propios de la vida cotidiana. Son décimas si bien no trascienden la simple reflexión sobre una situación dada, no podemos negar la mirada filosófica de las mismas, heredadas de la mejor tradición calderoniana. Se trata de textos donde el conflicto hombre-mujer tiene como vencedor el amor, su vigencia en nuestra literatura doble sentido, sin elementos grotescos propios del lenguaje coloquial.

Pantaleón y Dorotea

ÉL:
Dorotea, ayer te vi
en un juego peligroso
con Juan que es muy resbaloso
que siempre sufrió por ti.
Cuando yo lo sorprendí
se encontraban en mi lecho
él sentado satisfecho
y tú a su lado acostada
no estarían haciendo nada
pero eso está muy mal hecho.

Yo:
Si me viste en la Jornada
con el amigo querido
debiste de haber tosido
mucho antes de hacer la entrada.
La puerta estaba cerrada
pero tú con insistencia
la abriste a nuestra presencia
para luego maldecir
no se te vuelva a ocurrir
cometer esa imprudencia.

Él:
Yo lo más que lamenté

y hasta puse mala cara
fue que el tipo me arrugara
la sábana que compré.
Si vuelve, y yo no lo sé
encima del parapeto
pon el delantal más prieto
que indique fiesta o comedia
sí no formo la tragedia
por la falta de respeto.

Yo:
Ya lo pasado, pasó
cuelga el pleito y la querella
mira ahí tienes la botella
de ron que Juan te dejó.

ÉL:
El pobre me la dejó
Asís son sus atenciones
pero ya estas opiniones
tú resérvalas de lleno.
No me gusta al hombre bueno
hacerle malas acciones.

La cultura expresa todo lo que el hombre crea en su devenir histórico, lo que se traslada de una generación a otra y se va asimilando como conocimiento de grandes grupos. Ningún individuo es neutral y el arte como una forma de conciencia colectiva nos permite reflejar la realidad objetiva, sus valores estéticos, éticos, filosóficos, etc. El humorismo en Chanito Isidrón fue una manera de hacer suyo el arte y la poesía de su tiempo.

Un arte y un humor con precisas definiciones, teniendo en cuenta cada época y su contexto. Hay muchas maneras de provocar risa, el mensaje que va con sencillez directo, claro y con risa, al hombre agrada mucho más. Una de las formas es el satírico, la burla, la ironía, en otros ridiculizar se personifica y no es del agrado de todos, el humor gráfico en las caricaturas, tenemos las publicada en el semanario *Palante*, giro del lenguaje, sentido figurado, símbolos, el que no se espera, circunstancial que refleja una realidad vivencial. El 22 de febrero del 1987 fallece en La Habana, el poeta Chanito

Isidrón. Este libro pretende poner en voz de todo el pueblo que lo admira y lo quiere su frase: «esto es Cuba, Chanito».

Testimonios en décimas, historietas, leyendas, de sus compañeros y amigos. También mostramos pinceladas socioculturales del repentismo en Cuba. Todo ello nos ha permitido analizar el humor de Chanito de una manera respetuosa, teniendo en cuenta la época y la delicadeza histriónica costumbrista de sus versos. Nuestro análisis es con un enfoque contemporáneo resaltando el valor de su obra sin la inhibición del tiempo, trasladada y evolucionada también a la contemporaneidad, acercándonos a su sabia naturalista, criolla, heredada del sabor de las décimas del Cucalambé.

Junto a Radeúnda Lima en dos memorables personajes: Pantaleón y Dorotea

ASÍ LO RECUERDAN

Virgilio López Lemus (investigador, escritor. Hace esta poesía al concluir el prólogo del libro *Chanito Isidrón: Manuel García, Rey de los campos de Cuba; Camilo y Estrella*, una de las estelares novelas escrita por Chanito Isidrón, editada en Letras Cubana, 1986.

Motete

La paciencia y la humildad
hoy muestran su majestad
y a (Isidrón) le dan la gloria
de tan famosa victoria.

Isidròn, cantor famoso,
dos historia nos contó,
al mundo maravilló
con su versar animoso.

Un hecho tan milagroso
publique siempre la fama
con luz de la clara llama
de este siglo venturoso.

En décima de majestad
mostró su rara bondad
de paciencia y humildad,
y lanzó un reto a la gloria
con tan redonda victoria.

Orestes Pérez Table (Los Palos, 1954), poeta repentista, humorista.

Chanito, fue el poeta del llanto y la risa. Comenzó escribiendo novelas de un tono trágico y triste como *Amores Montaraces* que los campesinos cubanos conocen como *Camilo y Estrella*. Después se dedicó al chiste donde obtuvo una aceptación mayor. Chanito el hombre del chiste fino de una gran preparación autodidacta. Fue un ejemplo de poeta, amigo muy preocupado por su familia y su inmaculada presencia por lo que se ganó el nombre «El Elegante Poeta de las Villa».

Era su nombre Cipriano
en gloria al Santo Vendito
más les decían Chanito
y otros le decían Chano.

El repentismo cubano
le dio una doble faceta
y por su andar de etiqueta
traje, corbata y sombrero
lo llamaba el pueblo entero
«El elegante poeta».

38 **Reinaldo Gil González** (Limonar, Matanza,1948), poeta y director de la Casa Naborí, Limonar Matanzas.

Chanito: Elegancia, honor
símbolo de dignidad
quien supo la seriedad
mezclar con verso y humor
la primavera, una flor.

Le coció en la guayabera
y lo supo Cuba entera
en su gracia repartido.

Jamás vestirá de olvido
quién una sonrisa era.

Félix Pita Rodríguez (Bejucal, provincia La Habana, 1909), escritor.

«Recuerdo con precisión… El humor agresivo de Chanito era como una explosión de rebeldía, de protesta, de anuncio de futuro».

Encarnación de Armas Medina
Jaruco, La Habana,1933, escritora, poetisa, investigadora.

Cantó Chanito en el cine de Jaruco en controversia con Francisco Reyes, el cacique Jaruqueño después fue para la casa de Antonio Nimo participó en una canturía familiar por el cumpleaños de su hija Perla, Allí participaron también los repentistas; Rafael Rubiera, Gustavo Tacoronte, dedicando décimas a la festejada, trabajando en la CMQ interpretó décimas mías. Son conocidas las controversias con el Jilguero de Cienfuegos y Raúl Rondón que eran escritas por él.[20]

Junto a Inocente Iznaga, El Jilguero

[20.] Entrevista a Encarnación de Armas Medina (Majana, 1933) poetisa y escritora Jaruqueña, 8 de Febrero, 2013, Casa de Cultura Alejo Carpentier Jaruco Mayabeque.

Programa competencia de Trovadores, CMQ.
Cantó Chanito Isidrón, 15 de Julio 1958

Décima de Encarnaciónde Armas:

«*Pero tu sonrisa no*».
El beso que con locura
anhelabas prodigarme
quizás para contagiarme
de tu singular ternura.
Es un cuento de dulzura
que tu labio no contó.
La vida nos separó
con un profundo jamás
Todo, todo quedó a trás,
pero tu sonrisa no.

A Chanito Isidrón de Encarnación de Armas Medina, revista *Directorio del Consumidor.* 1962

Chanito Isidrón Lamento
tú retiro prematuro,
cuando un glorioso futuro
le quedaba a tu talento.
Un profundo descontento
de todas partes emana,
tras tu partida temprana
porque con tu voz precisa,
se fue la gracia y la risa
de la décima cubana.

Conversación con Chanito (2013)

Chanito Isidrón, el flujo
De tus chiste no se apaga,
aunque ya la muerte aciaga
a la nada te condujo.
En silencio desdibujo
los rasgos de tu silueta,
pero tu figura inquieta

hacia lo eterno se enrumba
demostrando que en la tumba
no cabes como poeta.

Carlos Sosa Figueras (Caraballo, Jaruco, Mayabeque), laudista.

Conocí a Chanito en una canturía que se realizó en casa de Chago, el guaguero en Caraballo, cantó con el poeta Manzano de San Antonio (aficionado), Vicente Martínez (aficionado), y Ramón Espinosa, el profesor Espinosa; que en ese entonces era guaguero de la ruta 4, en la Habana, por mediación de él vino Chanito a Jaruco. Cantaba tonada cómica, con décimas humorísticas, pero en ese entonces no se reía, igual que Chaflán. Se llevaba muy bien con todos, tocaba tres en algunas canturías, acompañando a los poetas, incluso él se acompañaba con las décimas cómicas. El viejo mío, José Sosa (aficionado) cantó con él. Lo pude ver también en Madruga cantando con Rafael Rubiera, el Ñato.[21]

Entrevista realizada a **Elía Rosa Borges** (Matanzas, 13.10. 1962) y **María del Carmen Priero** (Hato de Jicarita, poblado de la Ciénega de Zapata, Matanzas, 1946) por Amor Benítez Hernández, 5 de Marzo 2004.Transcripción: Beatríz Sosa.

En anteriores entrevistas hemos conversado acerca de sus colaboraciones con Chanito, ¿cuál fue su participación junto a él?

Elia: En mi vida artística tengo una experiencia muy válida con Chanito, cuando empecé a trabajar a la edad de 16 años, las primeras giras nacionales que di las compartí junto a él, Jesusito Rodríguez, Omar Mirabal y Ramón Avilés, todos bajo la dirección de Felipe Sarduy. Es un encanto de persona, lo tenemos siempre presente porque fue todo delicadeza. Era una persona maravillosa con un alto sentido del humor -eso era innato en él- era gracioso y las cosas le salían muy espontáneas.

Yo tengo una anécdota que ocurrió en Colón, Matanzas. En una gira había un decimista, actualmente fallecido, que le decían Che Galvairo, y entonces a la hora del almuerzo nos sentábamos los cuatro juntos (Jesús Rodríguez, Omar Mirabal, Chanito Isidròn y

---

[21.] El Ñato, así se le decía al poeta Rafael Rubiera.

yo) y venía Che Galvairo y decía: «Yo tengo una obrita que se las quiero decir», la obra era muy cortica pensábamos nosotros, y cuando Che empezaba a recitar eran ciento y pico de décimas, eso lo hizo dos días seguidos, pero al tercero, cuando el Che Galvairo se le iba aproximando a Chanito para decirle otra obrita que tenía, sin dejarlo hablar le dijo: «Hágame el favor, Che Galvairo, y déjeme almorzar en paz que ya yo estoy que miro la estatua de Cristóbal Colón, que tiene el dedo parado, y me está señalando que por ahí usted viene».

Esa son sus cosas que le salían del corazón. Era muy buen compañero, nos llevaba el café a todos los artistas, nos tocaba a las seis de la mañana religiosamente, aunque termináramos de trabajar en los carnavales, que era cuando se hacían carnavales por las provincias hasta las cuatro de la mañana, a las seis él estaba con su cafeterita que siempre andaba con él, y compartía con nosotros.

María: Tengo recuerdos muy gratos de las actividades que compartimos junto con Chanito, prácticamente desde que comencé la vida profesional. Realmente en las actividades él se destacaba con luz propia porque Chanito a pesar de que toda su vida la dedicó a las obras jocosas, también hacía cosas serias, a esa espontaneidad que tenía sobre el chiste, para nosotros y para muchos ha sido el único, el mejor. Él no solamente era esa persona, te da la impresión que una gente que juega siempre con el chiste es una gente que tú lo ves chivador, jaranero, sin embargo, Chano, era una persona seriecísima, una persona muy medida, muy respetuoso.

Chanito no se daba un trago cuando iba a trabajar y si se lo dio alguna vez, no lo vimos, porque realmente él respetaba al público. Jamás tuvo necesidad de darse un trago para subir a un escenario y hacer un espectáculo de alta calidad artística. Además se caracterizaba también por su elegancia: era impecable, con su sombrero, en los tiempos de frío con su bufanda, sus trajes muy buenos, muy bonitos, sabía hacer una combinación muy buena de todos sus atuendos personales para vestir.

Era una persona muy preocupada por sus compañeros, eso de levantarse a las seis de la mañana y hacer su cafecito, él llevaba siempre su cafetera y su fogoncito y entonces colaba y nos iba tocando puerta por puerta, «Ya colé, a tomar el café», con mucha seriedad, humildad, esas eran las cosas de Chano. Una cosa que realmente tú dices, cómo es posible que una gente así, tan jocosa como él en todas sus obras pues pudiera tener ese tipo de carácter así tan caballeroso, tan serio, porque era serio en realidad, en su vida personal era serio. Creó una gran familia, sus hijos junto a su esposa también que son una maravilla de gente, ya con la ausencia de él, pero siempre estará presente entre todos los cubanos Chano Isidrón.

Ustedes también cultivan el humor, en su opinión ¿por qué ha trascendido hasta nuestra contemporaneidad su poesía humorística?

María: Para mí es su jocosidad, usaba mucho toda una serie de picardías campesinas, trataba mucho los temas campesinos, y eso pues me parece consolidaba muchísimo su desempeño porque era el lenguaje del propio campesino. Me parece que por haber utilizado el lenguaje campesino así en sus obras y esos temas es el resultado de que trascienda hasta la actualidad.

Él utilizaba diferentes técnicas pero la más usual era la de doble sentido, que inducía a pensar con malicia, por ejemplo, usaba la fruta bomba como símbolo del órgano sexual de la mujer.

Elia: A mi entender, Chanito, es un cronista del campo, porque él todo lo llevaba a sentido figurado pero usted era quien se lo figuraba. Sus décimas estaban bien logradas, era genuino y a la vez tan espontáneo que a cualquiera le daba risa oírlo hablar. Porque él hablaba y era una persona tan seria que decía las cosas de tal manera tan graciosa que hacía un contraste con su personalidad.
María: Era un poeta fino para decir el doble sentido y por eso no hay que llegar a la vulgaridad para dejar entrever algunas cosas, creo que es más fuerte decirlo de esa manera y queda más limpio y es más saludable. La gente lo acoge mejor.

Elia: Hay unos versos que él dijo, los de Peñalver, creo que estaba muy mala la canturía donde lo llevaron, era muy malo el lugar, y dijo:

> *Yo te lo digo en Arango*
> *que un concierto en Peñalver*
> *era lo mismo que hacer*
> *un edificio de fango.*

María: Déjame ver si recuerdo una poesía que estaba leyendo el otro día en su libro y me llamó la atención y dice:

Hace tiempo no manejo
tijera, peine y navaja
y si la espuma no cuaja
me engurruño y me encangrejo.
Pero allá en mi tiempo viejo
atendí una barbería
y miren como sería
mi trabajo concienzudo
que entraba un viejo peludo
y hecho un muchacho salía.

Cecilio Pérez Martínez, Guambán. Decimista, tonadista y poeta.

Nació Chanito Isidrón
en Calabazar de Sagua
y tan puro como el agua,
mantuvo su corazòn.
Del verso una Instituciòn,
un histórico diseño
de la multitud fue el dueño
del humorismo un diamante
y siempre fue el elegante,
poeta villaclareño.

Lázaro Contreras Castro, tonadista, declamador.

Yo conocía a Chanito desde los años sesenta, visité mucho su casa, cuando cantaba con Rizo y Rubiera; los acompañé en una gira con la Brigada Raúl Gómez García en el teatro La Caridad, en Santa Clara, en Jornadas Cucalambeanas en las Tunas. Cuando eso, yo ocupaba el cargo de programador del género campesino en el país (desde el 60 al 80). En programas radiales, en *Patria Guajira*, tenía una sección de adivinanzas en el programa *Renacer Campesino* de Radio Marianao, también lo hizo en Radio progreso.

Adivinanzas

Cual será esta fruta hermosa
que en la mata mucho abulta
y bien madura resulta

estomacal y sabrosa.
Aquí se llama una cosa
otra se llama en Oriente
y de ella se quiere hablar
no se puede pronunciar
su nombre correctamente.
  Papaya

Muchacha desconocida,
Muchacha de piel oscura
que él que por ella se apura
le puede costar la vida.
Cuando la vimos vestida
empezamos a cantar
la tuvimos que acostar
para empezar a medir
La Habana la vio salir
y Oriente la vio llegar.
  La carretera Central

Es madre trasnochadora
que se tira a descansar
cuando pone a funcionar
su planta remodeladora.
Pero esta vida de ahora
le dio un nuevo colorido
para cuidar su vestido
no duerme en la misma cama
y para tener un chama
no necesita marido.
  La vaca

Pueden decirme quién es:
una guajirita antigua
que vivía en la manigua
con guisazos en los pies.
Por todas partes, la ves
una feliz campesina
que alegremente camina
dándole la luz al valle

> al andar de cada calle
> y al doblar de cada esquina.
>
> Décima
>
> Guajiro de gran tamaño
> con bebida y no se ajuma
> un mar cubierto de espuma
> aunque te parezca extraño.
> Nos grita una vez al año
> para brindarnos su acopio
> cuando la gente del opio
> brilló de martes a lunes
> tuvo tres nombres comunes
> y ahora tiene nombre propio.
>
> Cachimbo, Ingenio, Central

Juan Vivino, director del grupo Cocodrilo Verde. Entrevista por Waldo Leyva Portal, poeta, narrador, periodista, Lic. en Lengua Española e Hispana,1977 y director del Cidvi (2000-2010) Transcripción de Beatríz Sosa. Las Villas, Octubre del 2003.

Aquí anteriormente había, un lunes de cada mes, actividades campesinas, aquí en la ciudad, y siempre se invitaba un cultor del género. Asistían Guillermo Sosa Cúrbelo, Chanito Isidrón, Evelio Romero quien era el promotor de todas las actividades, y el administrador del Cocodrilo Verde, y entonces ahí terminábamos la fiesta. Venía Chanito y cantaba aquí en la Caridad y terminábamos sobre las diez y media o las once, a esa hora ya había gente afuera con carros esperándonos que nosotros termináramos y entonces Chanito me decía —pero espérate, no tenemos músicos —, sino Juan Divino está ahí —le respondía. Cuando yo me iba con él era hasta mañana y sin pensar en nada.

Waldo: *¿Cuáles eran las tonadas que más le gustaba él cantar?*
Juan: Él cantaba mucho las tonadas de recursos rápidos, la tonada que él utilizaba mucho era para las controversias. Él era una especie, era un relámpago cantando. En cuestiones de segundo él te acaba una décima, dejaba al contrario, vaya, lo turbaba. Es la rapidez y otro contrario no podía pensar tan rápido como él, la que siempre utilizaba era el jaque o técnicas persuasivas.
Waldo: *¿Dónde lo conociste?*

Juan: Yo conocí a Chanito desde antes del triunfo de la Revolución. Yo era músico de la CMHO, aquí en Villa Clara, antes era una filial de la COCO en la Habana. Había muchos programas campesinos, cantó Luís Gómez, Rigoberto Artile, Cuco Menéndez, Ásela Rosa Cuella, Teresita Rodríguez y él siempre venía ahí, cuando venía a Villa Clara me decía tengo una fiesta muy buena, ¿te puedes ir conmigo? Si me puedo ir contigo —le decía yo y nos íbamos. Las fiestas de él estaban garantizadas, no era una cosa que tú ibas con la incertidumbre de si se da la fiesta o no, cuando decía vamos para tal lado, tú ibas y ¡aquello era...!

A él lo apreciaban mucho, todo el mundo le tenía una tremenda estimación y un gran respeto como poeta y cómico. Se ponía a cantar con un poeta serio y escogían un tema, cuando le parecía le tiraba un chiste, acababa con el otro, porque le rompía toda la estructura que el otro tenía hecha literariamente. Con un chiste rompía todo. La gente gozaba y no se cansaba de eso. Siempre con un porte muy elegante y un carácter afable, trataba a todo el mundo con un cariño enorme, y por favor, su guayabera impecable. Era un hombre de una ética tremenda.

Ramón Omar Pérez Aragón (Bauta, 1955) investigador y decimista.

Homenaje a Chanito Isidrón

Como Cipriano Isidrón
Fue inscrito aquel cubanito,
pero muy pronto Chanito
fue su nombre del montón.
Con talento y vocación
por la rima y por el verso
desde joven se vio inmerso
en lo que pronto sería
su mundo: la poesía,
y a ese mundo fue converso.

Su décima campechana
su terruño villareño
recorrió, y tal fue su empeño,
que del monte y la sabana.
Pronto saltó hasta La Habana

con su canto fue radiado.
Y como que iba ataviado
siempre de estricta etiqueta,
«El Elegante Poeta
de Las Villas» fue nombrado.

Pero no sólo elegante
fue su forma de vestir
sino que supo decir
su verso con gran talante.
Por eso salió adelante
y triunfó en forma asombrosa,
tanto en la rima jocosa,
donde brilló su espinela,
como en más de una novela
que en versos hizo famosa.

Existe quien asevera
que en la cumbre de su fama
sólo por ver su programa,
en una función campera.
La afición que allí asistiera
en dos mil fue calculada,
en escuchar empeñada
de Chanito la poesía,
cosa que entonces sería
una cosa inusitada.

Se afirma, no sin razón
que el más grande decimista
de la décima humorista
es de su generación.
Mas, yo tengo la impresión,
es más, tengo la certeza,
la poesía que dejó impresa
e incluso la que grabó,
y hasta la que se perdió,
son de la mayor grandeza.

Con su poesía vibrante,
fraseología selecta,
con su métrica perfecta
y su rima consonante.
Calidad como cantante
de impecable afinación,
hizo llorar Isidrón
con su drama en su novela
e hizo reír su espinela
aguda cual aguijón.

Cuando se hable de poesía,
de guateque y controversia,
habrá que romper la inercia,
que el tiempo acumularía.
Y reconocerse un día
que fue cumbre y colofón,
entre campeones, campeón
que impuso su propia escuela
de la décima espinela,
la de Chanito Isidròn.

Alberto Felipe Eirín

Una vieja dijo a un viejo
cuando la estaba mirando
viejito no mires más,
   anda y dímelo cantando.

      A cargo de Chanito Isidrón, 14, 1986

Me sucedió con Chanito

Desde que yo era chiquito
como vivía en Las Villas
oí las mil Maravillas
que decían de Chanito.

como su canto infinito
se extendió por todas partes
y en las difíciles artes
fue la décima humorística
aquella expresión artística
bastión de sus estandartes.

Recuerdo en una ocasión
que mi padre comentaba
y en un guateque cantaba
allí Chanito Isidrón.

Tras mi participación
al regreso en el camino
le pregunté al campesino
que era mi padre ¡Papito!
¡muy bien que cantó Chanito!
¿e Isidrón porque no vino?

Sarduy, Felipe (Villa Clara, Santa Clara), director de programas campesino de la T.V. Cubana, Premio Nacional de T.V.

Chanito fue aceptado por su pueblo. Cuando íbamos a actividades a las provincias salíamos a caminar y parecía que no se llegaba al lugar de destino porque saludaba y conversaba con todos. También se vinculaba con la gente respondiéndo las cartas recibidas en la radio con la finalidad de halagarlo, para darle sugerencias o estableciendo un pie forzado. Los artistas en cualquiera de los géneros tienen admiradores y detractores, pocas veces se le veía bravo, a pesar de la cotidianidad marcada de problemas. Se conoce en la historia de la Décima el conflicto Chanito-Clavelito, este se resolvió en el propio proceso del trabajo cotidiano a pesar de sus diferencias.

Bernabé, poeta aficionado de la época de Chanito.

Chanito vivía al lado de mi casa, nació aquí en Calabazar, luego se mudaron para Congoa. Ahí estuvieron poco tiempo hasta que se establecieron cerca de la casa los viejos míos. Él apreciaba mucho a mi familia, en Encrucijada iba siempre, también a Triunvirato, ya después nosotros nos mudamos para Congoa. Él se fue para Yagal y se puso a trabajar de carretillero, recuerdo cuando el accidente, tenía los bueyes amarrados por los narigones y fue a enganchar, haló y le partió un dedo, así Chanito tocaba su tres. En el próximo año fue pesador, después se fue para Cienfuegos, lo acompañaban: Clavelito y Nena Cruz, La Calandria, cantaban en radio, regresaron y se fueron para la Habana. Participó en el programa llamado *Dímelo Cantando*, se unió a ellos Radeúnda Lima en el programa llamado *Sordo de Cañón* con Eloy Romero, yo me recuerdo una décima que decía así:

Dorotea ese lechón
ya se ha querido escapar
y ahorita viene a hozar
a la orilla del fogón.

Fíjate en ese rincón
hay bebedero de pato
ya verás que en cualquier rato
me entra el loco y lo cocino
y ese maldito cochino
en la cabeza lo mato.

Chanito participó en un programa llamado *Buscando el príncipe del Punto Cubano*, le daban 10 pesos diarios por 7 días y cuando se iba dijo:

Ya me tengo que marchar
pero me marcho a la brava
porque nunca se me acaba
los deseos de fiestar.

Dice el locutor: «mira Chanito llorando»

Como no voy a llorar
si estoy en un trance grave,
todo el público lo sabe
y lo digo donde quiera
que dulce la mangadera
lástima que se me acabe.

Porque ya eran los últimos pesos, la hermana de él, Isabel es madrina de mi hermano, nos mentaba todos los días, iba a Triunvirato y se iba para la casa, ahí se pasaba el día, yo tocaba el tres y el laúd y se pasaba cantando. Yo le escribí unas décimas que dice:

> Cerca de Calabazar
> en un agrario rincón
> nació Chanito Isidròn
> un poeta popular.
>
> Siempre le gustaba andar
> de traje o de guayabera
> conoció la Isla entera
> como un hombre de talento
> y no halló en ningún momento
> un rival que lo venciera.

Era muy ocurrente, se ganó la simpatía del público. Nosotros éramos como familia, nos conocíamos desde muchacho. Mi hermano mayor, que vive en La Habana, tiene como noventa y pico de años, salía mucho a las fiestas con Chanito, yo estaba chiquito. Después nos mudamos para Triunvirato...

Jesusito Rodríguez, poeta repentista y tonadista.

> Chanito por esa vía
> de lo justo y de lo hermoso
> esta en un buzón canoso
> donde hay una carta mía.
>
> Guardé su fotografía
> para que nadie la use
> y solo el que opere o cruce
> un pecho que se abrirá
> por un corte encontrará
> el lugar donde lo puse.

Mercy Estrada Montesino. Tonadista y cantante de números musicales.

Chanito, para todos era, la risa. Cuando íbamos de gira, te daba el de pie con una taza de café en las manos, recuerdo cuando fuimos a Colon, Matanzas, yo dormida no me había lavado la boca, me daba la taza de café con la sonrisa en los labios, como para que uno no se pusiera brava. Muy caballeroso, muy buen compañero, en el viaje era el último que subía a la guagua y al tanto si faltaba alguien. Su tonada era preciosa, muy afinado, no sabía cómo podio cantar con la sonrisa en los labios.

Farita Montesino Márquez. Poeta repentista.[22]

Estaba trabajando en Rebelde, en los primeros días de trabajo yo iba a otro local a beber agua y me perdí, Chanito se percató y me llevó de mano hasta mi lugar, con cuanto respeto. Nunca hablaba en serio, todos se reían de sus cosas, con una gracia, siempre risueño y guarachero.

Raíza Casuso Vega. Escritora, nieta de Justo Vega.

Yo recuerdo a Chanito cuando mi abuela Caridad y mi abuelo Justo Vega me llevaba a Prado, que estaba Radio Ciudad de la Habana, tendría como 5 ó 6 años, allí vi al Jilguero de Cienfuegos, Adolfo Alfonso, Chanito Isidrón y cantaban con mi abuelo y si no me gustaba lo que cantaban yo le alaba por el pantalón, cosas de niño. Chanito muy elegante, sonriendo, su décima me encantó Mi tío Bernardo Vega (¿) que canto en el Cuarteto de Trovadores Cubanos, hacia igual que Chanito en actividades e incluso en el barrio, es decir la décima en broma. La última vez que lo vi por Zapata y Colón subiendo por el Semáforo, era por el mediodía, hacía calor, pero vestido con su traje, mi abuelo se bajó del carro y lo saludó.

Elisa Vega Temes, hija de Justo Vega, el Caballero de la Décima.

Chanito Isidrón era un gran compañero de mi papá, atento, con una educación esmerada, me llamaba la atención la manera de vestir, muy elegante, Mi abuelo y Chanito eran muy serios en su trabajo,

---

[22] Poeta repentista, pareja de controversia de Vitalia Figueroa (1933), también repentista cubana, Farita por más de veinte años trabajó en Radio Rebelde en el programa *Vivimos en Campo Alegre* donde fue colega de Chanito Isidrón.

no bebían bebidas alcohólicas y muy caballeroso es decir llevaba puesto el seudónimo de mi papá los dos eran muy caballerosos.

Martha Sánchez Álvarez. Promotora y cantante.

Tuve la oportunidad de conocer a Chanito en Colon y Zapata buscando temas de canciones, en otra lo vi, y me reconoció. La mejor impresión, la dulzura que lo caracterizaba, su alegría, carisma y ese doble sentido que como decía el Guayabero lo mío uno, pero lo decía él. Eso es lo que recuerdo.

María Elena. Escritora del Semanario humorístico *Palante*.

Rey del humor, elegante
Chanito Isidrón, poeta,
no hubo en ti ola secreta
que rompieras sin desplante.

El semanario Palante
te recuerda sin tristeza
porque fue tal tu entereza,
cantante de pueblo, puro,
Que hoy estas firme y seguro
Con tu criolla grandeza.

Chanito Isidrón, poeta
elegante de las Villas,
fabricaste Maravillas
con la décima –saeta.
Y no fue cosa secreta,
combatiente del humor,
que cantabas con amor
al hombre y a la pobreza
en los años de tristeza
cuando reinaba el temor.

Tus décimas, por encanto
arma criolla de Guerra,
Abonaron esta tierra
para que creciera el canto

y nunca vivirá el llanto
ni en el llano, ni en la sierra.

Esta décima se cierra
como póstuma homenaje
a quien fuera del paisaje:
viento, nube, flor y tierra.

Sergio Amaral Padrón. Poeta repentista.

Hablar de Chanito Isidrón no es hablar de un cultor más de la décima Espinela, es hablar de un poeta con mayúscula que no solo se destacó en el humorismo a través de obras escritas y sus enfrentamientos con otros humoristas como Eloy Romero, El Cacique Jaruqueño, Rigoberto Rizo,...
No ha logrado pareja alguna de poetas hacer *Los sordos de cañón* como lo hacia Chanito
Y Eloy Romero. Decía anteriormente que chanito era un poeta con mayúscula ya que además de ser el mejor en humorismo en el verso serio y profundo había que respetarlo, muchas veces lo escuché por radio y lo vi personalmente con el Indio Naborí hacer derroche de imágenes novedosas, así también lo demostró en sus obras escritas en forma de novelas, entre otras *Camilo y Estrella* (*Amores montaraces*), *Arturo y Magdalena*...
Qué manera de reflejar la vida del campesino pobre y de los terratenientes, Chanito fue además escritor de décimas de muchos programas de corte campesino como la *Guantanamera* y *Bacardí por los Campos de Cuba*, Chanito era también un conocedor profesional de nuestra historia constantemente se actualizaba a la par de la prensa plana y literatura, ningún escritor nuestro ha reflejado en un libro la historia de Manuel García con tanta profundidad y hay que agregarle a eso que hizo la obra en verso, podemos seguir hablando de Chanito y hacer un enorme libro, pero hasta aquí mi breve opinión del amigo íntegro, del poeta medular, del humorista mayor, ejemplo de responsabilidad,elegancia y respeto.

Digo Chanito Isidrón
Y de forma diferente
se me ilumina la mente
se me agranda el corazón.

Él poseía ese don
que nos legara Espinel
y aunque bardo de nivel
en nuestro país busquemos
es difícil que encontremos
otro parecido a él.

CONTROVERSIAS Y DÉCIMAS EN VOCES

Héctor Peláez Agüero
Poeta, guitarrista, repentista. Décima trasmitida por Orlando Laguardia.

*Un amigo me invitó
para ir con él a una feria
en una, yegua más seria
y más honrada que yo.
Un burro la enamoró
cuando pasé por Bainoa
pero ella al verle la proa
le dijo:¿ Qué vas a hacer?
o es que tu piensas meter
la Habana en Guanabacoa.*

La aprendió en la década de los ochenta, plaza Santana, Camagüey.

En Villa Clara corrieron, la voz que había muerto Chanito y fue al lugar donde había corrido la voz y dijo cuatro décimas:[23]

1

*¡Aquí estoy!, ¿Quién discutía
o afirmó que estaba muerto?
no es cierto, y si fuera cierto
yo no se lo negaría.
Morí para el que creía
mi espíritu en una nube,
y si regresando hube
en rápida sucesión,
no es una resurrección
porque muerto nunca estuve.*

---

[23] Aparecen más tarde Editadas en el libros *Dos estilo y un cantar* de Aldo Isidrón del Valle, Editora letras cubana, 1982, pág.. 124-127.

2

¿Qué reaparezco cargado
de varios años? ¿y qué?
no comprenden que llegué
medio siglo adelantado.
¿Qué estoy apergaminado
y más allá de maduro?
¿Qué quieren? no es por apuro,
la vida no es más que una;
para el tiempo no hay vacuna
ni póliza de seguro.

3

Mi vida, como otras vidas
mira a través de una copa
que el almanaque galopa
igual que un corcel sin bridas.
Las hojitas desprendidas
son una constante arenga:
y por tacto que uno tenga
al desbocado almanaque
no hay resorte que lo aplaque
ni mano que lo detenga.

4

Pero aquí estoy muy contento
emergiendo del olvido,
agrio vino que ha tenido
imperfecto añejamiento.
Voy a darme a ese elemento
del campo verde y hermoso
al guajiro laborioso
que mil veces me aplaudió
y conmigo se mostró
puro, amable y generoso.

Aprendidas por transmisión oral, en 1980.

La Vieja Generosa

Es la vieja Generosa
flaca como una lombriz
abundante de nariz
y por desgracia geniosa.
Siempre enferma y achacosa
es una calamidad
y ni por casualidad
ningún médico sabía
en el lugar que tenía
la vieja la enfermedad.

Sus dos hijas diariamente
al sanatorio acudían
y al médico le traían
como por un caso urgente.
Él le revisaba un diente
la espalda, la rabadilla
un muslo, la campanilla,
le andaba todo el pellejo
sin encontrar el mal viejo
de aquella vieja pepilla.

Ya brebaje no existía
que ella tomado no hubiera
pero siempre majadera
quejándose proseguía.
Y creyendo que moría
una fría madrugada
se fueron a la morada
del doctor, lo despertaron
a la casa lo llevaron
y el asunto no era nada.

Y el médico ya aburrido
le dijo a su hija chiquita
su mamá no necesita

otra cosa que un marido.
Ella le gritó ¡atrevido!
váyase de aquí ¡baqueta!
pero al oír la receta
dijo la vieja en demanda
hija, él sabe lo que manda
y al médico se respeta.

Controversias y décimas entre Luis Martín y Chanito Isidrón
Transcripción: Beatríz Sosa.

CH: *Luís Martín tengo la idea*
que la tierra espirituana
no pasa de una semana
sin que alguien nos oiga y vea.
Que cuando el Yayabo ondea
lleva al Zaza tus afanes
a Tunas mis ademanes
y al Mégano tu perfil
donde suman casi mil
los pepes y los beltranes.

LM: *En Bayamo, en la Herradura*
en Mapo y en Guasimal
y en Tallabacoa igual
se fijan en tu figura.
Labora en la agricultura
un grupo muy conocido
de señoritas que han ido
para decirme en privado
que ya tu estás muy usado
y bastante desnutrido.

CH: *Así viejo y desgarbado*
Sin carmín y sin cocó
me ven como soy y no
como se habían figurado.
Cincuenta años le he contado
a las damas de esta zona
y si se me desmorona

el cuerpo con cada achaque
se debe a que el almanaque
tú sabes que no perdona.

LM: *Cuando en aquella comarca*
tú andabas en el pasado
cruzabas el Zaza a nado
y hoy necesitas la barca.
Ya tú no eres el monarca
de los jóvenes de antes
y con el mismo semblante
eres Chanito Isidrón
como una reproducción
del Quijote de Cervantes.

CH: *Aunque la historia no cuenta*
más que en hechos inmutables
de recuerdos imborrables
mi espíritu se alimenta.
Allá por el año treinta
con gallinas me nutrí
y Tú no sabes aquí
asombrando mis arrugas
Las mollejas, las pechugas
y los muslos que comí.

LM: *Ya tú no puedes Chanito*
carne dura masticar
te tienes que conformar.
Con chupar algún huesito
si el pollo es muy tiernecito
te puede dar un asceso
pues mira búscate un hueso
de gallina ponedera
haz una sopa ligera
y aliméntate con eso.

CH: *Le das muy poca importancia*
a los menuditos esos
tú no sabes que en los huesos

es donde está la sustancia
consígueme allá en tu estancia
alguna gallina pinta
y le separas la quinta
parte para una croqueta
que con el cambio de dieta
la cosa va a ser distinta.

LM: *Voy a decirle a tú esposa
que te cocine algo nuevo.*

CH: *Que va, cuarenta años llevo
comiendo la misma cosa.*

LM: *Que te haga sopa sabrosa
y un buen bistec de ternera
en una semana entera
ni Juan Torena te sigue.*

CH: *Eso solo se consigue
cambiando de cocinera.*

Romualdo Pancho

CH: *Yo vi ayer en un tejado
un gato de romería
y a la gata le decía
de ti estoy enamorado.
El minino emocionado
estaba en la serenata
y levantando una pata
esperó la hora propicia
para darle una caricia
inesperada a la gata.*

*Un gato se enamoró
de una gata pendenciera
y la gata a la carrera
por un palo se subió.
El gato la persiguió*

hasta la punta del palo
ella dijo no seas malo
calmate, Gato de Angola
que si me amas a mi sola
te voy a dar un regalo.

Un cuento de mis años mozos

En la época en que yo
Fui joven, soñé un encanto
después ha llovido tanto
que el sueño a medias quedó.
Sé que una chica me amó
y que también yo la amé
por señas la enamoré
y por señas me dio el sí
pero por señas perdí
el amor que un sueño fue.

Mi enamorada no era
muy simpática ni hermosa
pero sí muy pudorosa
muy callada y muy casera.
Imposible que le hiciera
mi confesión atrevida
pues para que mi partida
no fuera obstaculizada
había que pedir la entrada
y reportar la salida.

Era su padre un arriero
hombre entregado al trabajo
que miraba por debajo.
Del ala de su sombrero
machete de buen acero
rebenque de cuero crudo
alto, grueso, bigotudo
de centellante mirada
¿Quién le pedía la entrada
a un hombre tan serio y rudo?

*Si tal obstáculo hallé
como quien dice empezando
había que seguir fijando
por señas como empecé.
Una tarde prioricé
Un beso y se me quedó
sin estrenar pues no vió
la chica lo que yo hacía
porque la telegrafía
sin hilo no funcionó.*

*No funcionó para ella
pero para el viejo sí
que a cuatro varas de mí
vio la musaraña aquella.
De repente una centella
me explotó sobre un pulmón
y si por televisión
estuviera haciendo el cuento
iban a ver el momento
donde me dejo el chichón.*

La edad de los sueños

*Era la edad de los sueños
Juveniles cuando un día
la prieta a quien pretendía
se dio a mis fieros empeños.
De entre sus labios sedeños
afloró como un botón
su alegre confirmación
por tanto tiempo esperada
aunque un poco salpicada
de duda y de indecisión.*

*De mi estragado bolsillo
diez pesos en plata extraje
con que regalarle un traje
collar, reloj y un anillo.*

Para el obsequio sencillo
resultó grande el cartucho
y pese a quedarme rucho
fue ofrenda de trapo y lata
porque de diez pesos plata
no puede esperarse mucho.

Disfruté de aquel amor
mientras las prendas sirvieron
pero los meses corrieron
con velocidad mayor.
Cambió su lindo color
el traje de baratillo
largó su enchape el anillo
perdió su broche el collar
el reloj dejó de andar
y yo me puse amarillo.

Entonces surgió otro gallo
que oro y plata le obsequió
Él era rico y yo no
Y me tumbó del caballo
la experiencia de ese fallo
me grita y me reconviene
el cariño puro viene
sin relojes ni sortijas
y que con las baratijas
el amor no se retiene.

Consulte a su médico

Conocí a un tipo que es
profano en patología
y no sabe en cirugía
ni donde tiene los pies.
Un martes del otro mes
le salió junto al oído
un barro casi encendido
que lo exprimió en su impaciencia
sin saber la consecuencia

que tiene un barro exprimido.

Gloria que es mi buena amiga
se puso muy impaciente
por un barrito incipiente
que le salió en la barriga.
La impaciencia y la fatiga
aumentaron su dolor
y pensando en lo peor
porque un barro siempre arde
por teléfono una tarde
consultó con el doctor.

Doctor Entre la primera
y la segunda costilla
tuve como una espinilla
que pensé que nada fuera
bueno aquel granito era
oscuro y chirriquitico
algo así como un puntico
de una semilla de col
luego se volvió un frijol
y hoy parece un tomático.

El doctor siempre prudente
escuchaba y escuchaba
en cambio no preguntaba
el origen pertinente.
Y continuó la paciente
diciéndole ya el granito
está como un guaguicito
y si se esperaba otro rato
se pondrá como un boniato
y estoy viviendo en un grito.

Y siguió diciendo Gloria
el barro que me condena
ya es como una berenjena
y más que una zanahoria.
El doctor con esa historia

sintió cansancio y fatiga
y le dijo buena amiga
no exprese más sus demandas
que eso es un puesto de vianda
lo que tiene en la barriga.

El ventilador con fuerza de animal

Este año la primavera
ha sido un poco lluviosa
y hasta la más calurosa
que imaginarse pudiera.
Aún se dice que se espera
una ola de calor
y un verano de sudor
y de hipertensión también
que podrá soportar quien
tenga su ventilador.

Gustavo el de Peñalver
que es ingenioso y discreto
quiso con un perro prieto
el problema resolver.
En Guanabacoa ayer
compró una penca Gustavo
o sea un cartón con cabo
y agarrando a su Nerón
preparó penca y cordón
y se lo amarró en el rabo.

Cuando se acuesta Gustavo
y quiere ventilación
le enseña un hueso a Nerón
y Nerón agita el rabo.
En ese trabajo esclavo
nerón pone buena cara
pero Gustavo declara
algo contrariado en eso
que cuando no tiene un hueso
el ventilador se para.

Anoche María Belén
la señora de Gustavo
buscó otro penca con cabo
para refrescarse bien.
Pero Nerón con desdén
ya apenas el rabo mueve
y es muy posible que en breve
pida un aumento de hueso
y exija además de eso
Jornada de siete a nueve.

Me parece estar oyendo
al perro ladrando en chino
porque le han dado un destino
que lo está languideciendo.
Yo lo oí como diciendo
en lenguaje comprensible
echar aire no es posible
pues de mover el rabito
ya tengo un cortocircuito
y se me quemó un fusible.

    Chanito Isidrón, décimas (1950). Variado, cantada en EE.UU. acompañada con acordeón, grabado en archivo Cidvi, facilitado por Silverio Poeta. Transcripción: Beatríz Sosa.
    Eloy Romero y Chanito

E: *Sordo te llevaste ayer*
La vieja que era de Arcadio
CH: *se descompuso la radio*
y la mandé a componer.
E: *Yo entiendo que esa mujer*
no te puede resultar
no importa que sepa amar
CH: *¡Qué dices tú que no importa?*
Si ya ni en la onda corta
La podía sintonizar.

E: *Esa mujer ya ni friega*
y te hecha toda la carga

CH: *Eso sí que en onda larga*
nadie sabe donde llega
E: *Me han dicho que ya reniega*
Porque se siente muy mal
Estuvo en el hospital
Enferma con tabardillo
CH: *Bueno, le cambié un bombillo*
pero que va, sigue igual.

E: *Esa mujer condenada*
no es más que grito y dolencia
CH: *Oye será alguna resistencia*
que tiene desconchinflada.
E: *La semana antes pasada*
la vi muy jacarandosa
con un chino en Vista Hermosa
CH: *Un chino pudiera ser*
que el viene a casa a poner
que una estación de Formosa.

E: *Ya esa mujer no consuela*
Ni alienta ni da calor
CH: *Oye fue el aparato mejor*
pero es mucha la candela
E: *A mí me dijo Marcela*
que mil veces te ha engañado
CH: *Bueno es que se habrá sulfatado*
o se recalentaría
porque casi todo el día
lo tenía sintonizado

E: *Oye sordo usted debía*
casarse con un pollito
CH: *Bueno cuando yo era jovencito*
tenía buena puntería
E: *Yo no hablo de cacería*
Yo te hablo de una mujer
que usted debiera tener
CH: *Disparar es mi deseo*
pero si ya yo no veo

¡Qué milagro voy a hacer!

E: *Búsquese un pollo precioso*
que eso siempre abunda mucho
CH: *Ya cuando tiro un cartucho*
me paso un año nervioso.
E: *Usted es un buen esposo*
que vivió sus ilusiones
reanude sus relaciones
con una gorda y bonita.
CH: *Para eso se necesita*
un rifle de dos cañones.

E: *Por las muchachas yo miro*
que se le sale la baba
CH.- *Antes sí que yo mataba*
cuatro palomas de un tiro.
E: *Pues mire usted que yo aspiro*
a verlo en estos instantes
entre pollos elegantes
CH: *Oye, la cacería me azora*
ya la pólvora de ahora
no está igual que la de antes.

E: *Mire que yo lo encontré*
a una mujer piropeando
CH: *Bueno, yo estaba apuntando*
pero al fin no disparé.
E: *De usted mismo me enteré*
que se casó en Varadero
y tuvo un hijo en Febrero
CH: *Mírera a mí, a lo mejor*
eso fue otro cazador
que vino y tiró primero.

A Severina Echenique

La comadre de Pulido
  (hay señores, que tragedia, hay por Dios)
se le murió su marido
bebiendo en un alambique.
Ella al ver muerto a Enrique.
Lloraba en su cabecera
porque el pobre Enrique era
  (ay papucho, ay mi negro, ay por Dios)
un buen esposo y buen padre
y ella abrazada al compadre
lloraba de esa manera..

Hay Enrique de mi vida
como te voy a extrañar
  (ay Enrique, ay mi vida, ay por Dios)
ahora quien va a pagar
alquiler, ropa y comida.
Quien va a pagar la bebida
que yo en el mes me tomaba
y mientras ella lloraba
  (ay Enrique, ay mi madre, ay por Dios)
la muerte de su marido
su compadre Luis Pulido
ni media palabra hablaba.

Que en paz descanses Enrique
volvía la viuda a gritar
  (ay papucho, ay mi negro, ay por Dios)
ahora quien me va a rascar
la espalda cuando me pique.
No habrá nadie que me explique
como podré subsistir
yo sola no sé dormir
  (ay Enrique, ay muñeco ay mi Dios)
y entonces dijo el compadre
no tenga pena comadre
que yo estoy para servir.

Ya casi no hallo que hacer
Para mejorar mi estado
pues siempre a mí me ha gustado
en algo nuevo emprender.
Compré una cámara ayer
y me puse a retratar
ya hoy mandé a revelar
el rollo discretamente
a ver si encuentro algún cliente
y lo puedo acomodar.

Yo tuve el año pasado
una cámara excelente
y trabajé diariamente
pero con mal resultado.
Retraté a un hombre sentado
y aquella fotografía
a nadie se parecía
y el hombre la vió y la vió
y quién era preguntó
porque ni él se conocía.

Más tarde retraté a un viejo
que llamaban Don Tomás
que ese pobre era no más
que pelo, hueso y pellejo.
Por el retrato complejo
no le cobré ni un centavo
pero él me dijo muy bravo:
"Esto no es fotografía
y esto es la radiografía
de una sombrilla sin cabo"

Un día se retrató
conmigo una buena vieja
que estaba gorda pareja
y un buen berrinche me dio.
Resulta que se vistió
con bata de muselina
pero tan clara y tan fina

que con mi cámara mala
le tiré desde la sala
y salió hasta la cocina.
Casi siempre a la mujer
le ponen muy mal el nombre
aunque lo mismo en el hombre
también puede suceder.
Yo he podido conocer
a una Carlota vestida
flaca y muy mal repartida
y conozco a otra muy fea
que cuando llega pelea
y se llama Bienvenida.

Allá por San Rafael
hay una flaquita escueta
dulce llaman a esa prieta
y en cambio es como la hiel.
Y en el barrio San Manuel
otra flaca veterana
es una majúa humana
a mi puede compararse
no tiene con qué sentarse
y la llaman Herculana.

Allá cerca de Panplona
conocí a una tal Engracia
que aquello es una desgracia
por fea y refunfuñona.
Conocí a una Simeona
que tiene un riñón fundido
y allá por Cayo Escondido
al lado de una venduta
vive una parte en Bembuta
que tiene el labio partido

Yo en mi casa no me siento
Como aquí me siento hoy
que alguien diga que yo soy
el eterno descontento.

Si estoy en casa un momento
sosegado como aquí
mi mujer no habla ni" jí"
y si por cualquier embrollo
le tira un tolete a un pollo
el tolete me da a mí.

Todo el hombre se desea
tener una dulce esposa
una dama virtuosa
sin sombras de mala idea.
Pero para que uno vea
la vida espléndidamente
no es una cosa corriente
ese tipo de mujer
habría de mandarla a hacer
de un material diferente.

A mí me gusta el hogar
y tener mi compañera
pero que ella también quiera
con sus planes cooperar.
Lo que no puedo aguantar
que la mujer me de grima
que me empuje a la tarima
para que sufra y suspire
y que por gusto me tire
los pantalones encima.

La mujer gruesa no alienta
al que lo bueno le agrada
a mi la mujer delgada
me gusta porque es pimienta.
Si una gruesa se presenta
cuando el aire empieza a dar
se tiene que engurruñar
y entonces se busca un lío
porque en cuerpo gordo el frío
tene donde trabajar.

*A la mujer que es delgada
como que en el hueso está
el frío entra y se va
y total no le hace nada.
Pero una gorda abultada
sí que tiene que sufrir
no ve que el frío al venir
y encontrar la masa suave
se mete y luego no sabe
ni por donde va a salir.*

*Dios me libre a mi tener
una señora muy gorda
que si el frío se desborda
me puedo en apuros ver.
Si desde el oscurecer
me acuesto en pos de consuelo
voy a largar hasta el pelo
cuando ella sin saber como
me ponga en medio del lomo
los dos quintales de hielo.*

*Cuando la mujer es gruesa
y el invierno viene grave
entonces es que se sabe
las toneladas que pesa.
Hasta el mantel de la mesa
se pone por cobertor
y el marido pensador
tiene que reconocer
que eso no es una mujer
que es un refrigerador.*

*Mi suegra Doña Pepilla
se ha perdido en muchas rutas
y se ha puesto a vender frutas
sola en una carretilla.
Ya se peló una rodilla
la pobre de trajinar
empujando sin cesar*

la carretilla de mano
porque no hay un ser humano
que se la quiere empujar.

Ayer temprano cargó
la carretilla de anones
de frutabomba, melones
naranjas y que se yo.
Los anones los vendió
en la primera pasada
pero regresó cansada
y dijo frunciendo el ceño:
«Ay la frutabomba la enseño
y nadie le dice nada».

Seguro que una chiquilla
si es bonita y no se ofusca
vendiendo frutas se busca
la plata en la carretilla.
Pero mi suegra Pepilla
que es vieja y llena de huesos
Se le hacen agua los sesos
y me dice al regresar:
«Ay como he tenido que dar
frutas a tres por dos pesos».

El asunto de vender
frutas como están las cosas
tiene épocas peligrosas
para empatar o perder.
Si es una pobre mujer
 desgarbada y sin aliento
tiene que hacer mucho cuento
vestirse como chiquilla
y tener la carretilla
en continuo movimiento.

A veces me paso el día
con la cabeza doliéndome
y horas enteras poniéndome

mis compresas de agua fría.
Se que hay una compañía
que maneja con destreza
un banco de gran riqueza
y que dará en el futuro
las pólizas de seguro
contra el dolor de cabeza..

Dicen que esa compañía
asegura a cada cliente
contra del reuma existente
y contra la pulmonía.
El seguro es garantía
contra la jaqueca aguda
y si el paciente no suda
y se muere como un perrro
ella jamás del entierro
le busca novio a la viuda.

A ver a Juan de la Torre
estuvo ayer el agente
pues comió carne caliente
y estaba de corre, corre.
Le dijo «para que ahorre
esta póliza es grandiosa»
y en la póliza famosa
un tapón de palo duro
le dice que es un seguro
seguro en cualquiera cosa.

El viejo don Juan Amado
pagaba con honradez
 un seguro a la vejez
porque estaba enamorado.
Ya después de asegurado
casó con Perucha Muro
y esta noche en puerto Arturo
tuvo la pobre Perucha
que meterlo en una ducha
porque se le fue el seguro.

*Yo como buen campesino
dado en el campo a cumplir
ayer tuve que asistir
y tiene el alma de trino.
Ese muchacho vecino
se entretenía con Luisa
y antes era flaca y lisa
y ahora muy gorda la veo
porque Trino según creo
le tiró con la precisa.*

*Ahora de aquí a nueve años
si aprovechan los otoños
ya Trino tendrá retoños
de diferentes tamaños.
Rubios, prietos y castaños
tendrá nidos en su nido
y su mal ha complacido
en cada año una pareja
cierto si Trino maneja
el carro sin hacer ruido.*

Chanito Isidrón. Disco Egrem. *Décima Guajira* (1950), variado, archivo (cidvi) transcripción: Beatríz Sosa.

Llorándole a Jacoba

*Jacoba vuelve a mi lado
porque desde que te fuiste
me siento solo, muy triste
melancólico y cansado.
Desde que has abandonado
el calor de mi ranchito
estoy durmiendo solito
    (ay mi negra, ay mi vida, ay por Dios)
sobre mi catre pequeño
y todas las noches sueño
que tu me engañas muchito*

Jacoba vuelve a venir
ven a darme tu calor
    (ay mi negra, ay Jacoba, ay por Dios)
(ven a darme tu calor)
recuerda que sin tu amor.
Yo ya no puedo vivir.
anoche para dormir
A las 7 me acoste
y para hacerme la fe
    (ay papucha, ay mi negra, ay por Dios)
que estabas aquí Jacoba
le puse ropa a la escoba
y con ella me acosté

Un sueño reparador
me pudo la escoba dar
    (ay papucha, ay Jacoba, ay por Dios)
pero la empecé a tocar
y no me daba calor.
Un beso murmurador
le dí en la punta al palito
y como dicho besito
    (ay mi negra, ay papucha ay por Dios)
no me contestó la escoba
seguí diciendo Jacoba
me está engañando muchito

Jacoba vuelve a mi edén
que estoy que me desespero
    (ay Jacoba, ay mi negra, ay por Dios)
porque si vuelves me muero
y si no vuelves también.
Para calmar tu desdén
tengo una escoba vestida
pero estoy mujer querida
    (ay Jacoba, ay mi negra, ay por Dios)
viviendo triste y conculso
y comiendo escoba a pulso
no voy a pasar mi vieda

Una tía precavida

*Allá en Castaño vivía
una joven bien plantada
con una pila quedada
que a su lado la tenía.
Por la muchacha venía
a la casa un tal Armando
y al hablar de vez en cuando
la tía la vigilaba
y por detrás le gritaba
«Cuidado que estoy mirando»*

*Armando nunca podía
entenderse con la bella
porque charlaba con ella
pero otra cosa no hacía.*

*Cuando un abrazo tenía
preparado el pobre Armando
Que ya se estaba acercando
y la chica lo esperaba
la tía de atrás gritaba
«Cuidado que estoy mirando»*

*Pero una tarde salió
La chica y él no lo sabía
y de atrevido a la tía
con cariño le fajó.
Como la vieja rió
le gustó la fiesta a Armando
y al darle un abrazo blando
la vieja empezó a gritar:
«hoy si puedes apretar
que nadie te está mirando»*

La suerte de Timoteo

*Timoteo es un señor
que se casó en Mayagüez*

*ya rayando en la vejez
cuando es por fuerza el amor.*

*Su esposa Maria Leonor
que parecía chiquilla
dejó en Fajardo una astilla
luego en Bayamo un marido
en Caguazo un prometido
y un suplente en Aguadilla.*

*Una noche Timoteo
la encontró como a las once
con un amigo de Ponce
de palo y de baileoteo.
Solo le dijo: «No creo
que seas tan veleidosa»
y otra noche esplendorosa
la sorprendió en otro engaño
con un tipo de Cataño
haciendo no sé qué cosa.*

*Cuando hay alguna parranda
y ella tiene algo guardado
al otro tipo el recado
con Timoteo le manda.
El viejo marido anda
casi siempre al guatrapeo
y yo que las cosas veo
suelo exclamar entre tantos
«sabe Dios por aquí cuántos
habrá como Timoteo».*

Una cita en un bohio

*Una noche muy lluviosa
oscura y oliendo a queso
salí para darle un beso
a una jibarita hermosa.
Diferente fue la cosa
la madre se despertó*

y hasta un vecino gritó
«que se roban la gallina»
era yo esperando a Trina
y la ingrata no salió.

Pero como el diablo es
partidario del amor
yo dominé sin temor
tan horrible dobleguez.
Entonces dije: rediez
no saldrá mi jibarita
y adentro de la casita
se escuchaba en alto un grito
«¡Ay como truena, Benito
Santa Bárbara Bendita!.»

Más mojado que un judío
me dejó aquel aguacero
y como un reptil rastrero
me introduje en el bohío.
Catapún se formó el lío
porque un loro impertinente
gritó, escandalosamente:
«Levántate mamá, abuela
enciende pronto la vela
que dentro del rancho hay gente!».

En la oscuridad se oyó
la indomable batahola
de una vieja tercerola
que tres veces disparó.
Al mismo tiempo que yo
brinqué por una ventana
tumbando una palangana,
un anafe y un farol
y ese día me salió el sol
a las tres de la mañana.

La señora y su nené

*Una tarde en Puerto Rico
después que mucho esperaron
en una guagua montaron
una señora y un chico.
Era el niño un poco cuico
y bastante vivaracho
y la vieja como un macho
al chofer le dijo así:
«pasaje entero pa mí
y medio para el muchacho».*

*El chofer serio y austero
contestó con sus razones
«los niños con pantalones
Largos, lo pagan entero».
Hizo la vieja un puchero
entre sus graves exhortos
y entre penas y retortos
dijo con gestos amargos:
«Bueno el niño los trae largos
pero yo los traigo cortos».*

*El chofer sin más demora
dio término al incidente
diciéndole buenamente:
«Está bien señora».*

*Pero otra vieja habladora
que estaba oyendo encantada
replicó determinada:
«Bueno si esas son las condiciones
yo que no uso pantalones
no tengo que pagar nada».*

El dolor de doña Verena

*Cayó postrada en su lecho
Doña Verena Vicente*

quejándose amargamente
de un gran dolor en el pecho.

Ya después de haberse hecho
una tizana de rosa
que se corrió una ventosa
y se hizo una sangría
la pobre vieja decía
que le sonaba una cosa.

Al ver el mal resultado
de los remedios caceros
llamaron a Juan Cisneros
el médico del poblado.

El doctor llegó apurado
y al auscultar a Verena
ella le dijo con pena
doctor no se fije en mi.
Pongame la mano aquí
y vera lo que suena
el doctor con el buen trato
propio de su profeción
le buscò la posición
y le puso el aparato.

Se lo tuvo puesto un rato
y la vieja quejunbrosa
con una voz dolorosa
le dijo con gran trabajo.
-póngamelo más abajo
que es donde siento la cosa
Pero entonces el galeno
Le dijo vieja yo noto
que usted tiene un cable roto
y el disco no esta muy bueno.

No tiene banda en un freno
se le sale el radiador
y tambien en el motor

la grasa se le detiene
le falta corriente y tiene
basura el carburador.

Bronca matrimonial

Radeúnda:
Viejo, Luisa me ha nombrado
madrina, para su hijito
y yo tener necesito
dinero desocupado.
Tenemos que ir al poblado
a comprar las mediecitas,
con algunas bombonitas
la bolsa y el cargador,
un pulsito de color
anillos y otras cositas.

Chanito:
Oye mujer, con franqueza
quisiera estar enterado
si ese ahijado es un ahijado
o es un dolor de cabeza.
Si Luisa con su viveza
te ha brindado el muchachito
y con tanto requisito
hay que darle la doctrina,
que se busque otra madrina
que ese negocio es chiquito.

Radeúnda:
Ya ella me dice, Comadre
Igual que Juan su marido
y a ti siempre te ha tenido
Luisa, como su Compadre.

Chanito:
Mejor que nombre a su padre
Padrino en esa cruzada
Y que él largue la mascada

Que yo religiosamente
Soy su compadre suplente
Y suplente no doy nada.

Radeúnda
Tú no te puedes negar
si te han nombrado padrino
y al muchachito divino
lo tendrás que bautizar.

Chanito:
Yo el agua le puedo echar
y rezarle una oración
en el río San Ramón
desnudito y sin sombrero
porque yo con el dinero
no quiero complicación.

Bronca matrimonial 2

Radeúnda:
Mi marido, que arbolito
más lindo compró Piedad,
es una preciosidad
y de un verdor exquisito.
Lo ve anoche alumbradito
y por lindo entretiene
así que si mamá viene
y no me trae ninguno,
tú tienes que comprar uno
que aquí todo el mundo tiene.

Chanito:
Podemos cortar la mata
de fruta bomba, mujer
y le podemos poner
algunas cintas de plata.
Esa te sale barata
los otros valen diez «cocos»
los adornos llevan pocos

y más tiempo la disfrutas
porque tiene cinco frutas
que parecen cinco focos.

Radeúnda:
No, yo no pongo una mata
de fruta bomba vestida
porque eso no tiene vida
cuando de pascuas se trata.

Chanito:
Dará una impresión más grata
adornada en condición
y después en un rincón
si buena vista le das.
los vecinos miran más
los focos que el algodón.

Radeúnda
Tú lo haces por no gastar
en mi arbolito, la plata
por eso quieres la mata
de fruta bomba tumbar.

Chanito:
Lo que busco es no emplear
de mala formas los reales,
con ésta mata tu sales,
ganando en cualquier terreno
porque haces un dulce bueno
de bombillos vegetales.

Broncas matrimoniales 3

Radeúnda:
Viejo, debieras comer
en la fonda de abonado
porque se me ha presentado
un trabajo en un taller.
Los sombreros que hay que hacer

los pagan cada quincena,
dan una máquina buena
para obreritas y obreros
y pagan esos sombreros
a peseta la docena.

Chanito:
*La oferta es bastante buena
y un sueldo de hambre se gana
porque tú en una semana
no te haces una docena.
Cuando cobres la quincena
tu alegría va ser honda
y te darás una monda
de pan y lechón asado
mientras yo me haya gastado
vente pesos en la fonda.*

Durante un programa de televisión, junto a Radeúnda y Raúl Lima

Radeúnda:
Yo quisiera trabajar
ganar dinero, mi viejo
y ayudarte en el manejo
que requiere nuestro hogar.

Chanito:
Pero viene a resaltar
que el trabajo de confianza
que hallaste como esperanza
da menos de lo que quita.
Eso es una mirringuita
que ni para chicle alcanza.

Radeúnda:
Si encontrara quien me diera
un billete a la semana
te aseguro que en la Habana
saldría de billetera.

Chanito:
Esa si es una manera
de vivir con más cuidado,
el billete es delicado
y para entrar en calor
tienes que dar el mayor
o dar el billete fiado.

Boda del pasado.... por Chanito Isidrón.

Para casarme en febrero
ya tengo lo necesario,
mesa, fogón, un armario
pipa de agua y tinajero.
De cedro y fondo de cuero
seis taburetes compré,
una cama, un canapé
un sillón, una coqueta,
un baúl, una maleta

dos «chismosas»[24] y un quinqué.

Poniendo sobre el fogón
Colgué la excusabaraja
por cuya soga no baja
ni sube ningún ratón.
Compre anafe de carbón
batea para lavar,
un cepillo familiar,
las planchas, las tendederas
diez orquillas[25] de maderas
y la tabla de planchar.

Un traje de mi papá
-va a ser la etiqueta mía-
que le hice una cirugía
de corte aquí y cose allá.
Mi novia se vestirá
de rayón sencillo, toda
y los zapatos de boda
serán de «baquetetumbo»[26]
para que no pierda el rumbo
y siempre calce a la moda.

Solo una duda nos asalta
para casarme a mi modo
y eso, que lo tengo todo
la novia es la que me falta.

Si alguna muchacha alta
arrugada, vieja y fea
quiere ser mi Dulcinea
(que haga la cola y no rote)
que aquí la espera un Quijote
que hacerla feliz desea.

[24.] Es un candelabro henta con un recipiente, una mecha y keroseno para alumbrarse que usan los campesinos.
[25.] Para sujetar las ropas después de lavadas y puesta al sol, en la zona occidental del país se le llama palitos de tender y en la zona Central del país se le dice «orquilla».
[26.] Referido a un tipo de zapato, muy corriente para el campesino de la época.

Delicias matrimoniales[27]

Febrero 3
Cantan: Coralia Fernández y Ramón Veloz
Música: Eduardo Saborit, Celina González y Raúl Lima (laudista)
Libreto: Chanito Isidrón.
Locutor: ¿
8y 40 A.M.

Sonido (TEMA)

Locutor:
El Circuito CMQ, Presenta...«Delicias del matrimonio», un programa dedicado a escenificar en serio o en broma, la vida de un matrimonio criollo que todos los días escenifica con música y poesía un problema de la vida hogareña.

Interpretan el dialogo cantado, los simpáticos cantantes, Coralia Fernández (¿) y Ramoncito veloz, (con la música incomparable de Saborit, Celina González y Raúl Lima (Laudista).

Hoy vamos a escuchar a los enamorados esposos en otra interesante interpretación...... Y es la esposa amada, la que cariñosamente se dirige a su «media naranja».[28]

Coralia:
Perdone, mi buen esposo
las noticias que te doy
que el desayuno de hoy
no está del todo sabroso.
Sè que el café está borroso,
la leche está un poco aguada
la mantequilla está helada,
el azúcar no es refino
y el pan, tú sabes que vino
la semana antes pasada.

[27.] Delicias del Matrimonio, libretos con décimas de amor, escrito por Chanito Isidrón Torres, para el circuito de la radial de la CMQ, en la década de los 1950, que nunca llegó a efectuase, a pesar que ya estaban señalados sus intérpretes como Coralia Fernández, Ramón Veloz, etc, para su realización.
[28.] Es un decir a una de las partes de la pareja, del matrimonio.

Locutor:
Las noticias dadas al esposo, parece que lo han contrariado, y no sería raro que sintiese víctima de un descuido de su señora, conteste reflejando su inconformidad.

Ramón:
Siempre la misma «canción»,
siempre la misma salida y ayer tarde la comida
no tuvo comparación.
La sartén en el fogón
se estuvo quemando un rato
y me pusiste en un plato
un bistec prieto que ardía
Y duro que parecía
Ser la suela de un zapato.

Locutor:
Ya en el matrimonio ideal han empezado los reproches... ¿Pero acaso se puede pedir a un matrimonio cordura eterna? En toda unión conyugal hay alegrías y tristezas, halagos y críticas; veamos que contesta la esposa recriminada.

Coralia:
Tú no comprendes, mi amor,
que yo tuve que coser,
que fregar y que barrer
y arreglar el comedor.

Te pones de malhumor
cuando yo no me incomodo
y te expresas de ese modo
sin reconocer en nada
que yo no tengo criada
y tengo que hacerlo todo.

Locutor:
Una explicación en tono tan curiosa, debía ser bastante, pero el marido molesto es más fácil a rechazarla que acogerla resignado. El jefe de la casa tiene siempre un poco de león y de cordero.

Ramón:
Hoy cuando me fui a vestir
vi rotos mis pantalones,
la camisa sin botones
y las medias sin zurcir.
Unas borras sin hervir
(coladas desde ante ayer)
que me tuve que beber
mirando desencadenado
el cuarto desarreglado
y la cama sin tender.

Locutor:
Nosotros nos preguntamos: ¿Durará mucho rota la tolerancia
De la esposa reprochada? Las mujeres también protestan cuando
sienten su orgullo herido. Oigamos...

Coralia:
Como no dices que ayer
encima de la coqueta[29]
me dejaste una peseta
para almorzar y comer.
Lo que yo tuve que hacer
¡eso fue fenomenal!
de arroz blanco, compré un real,
tres de papa, dos de coles,
cinco kilos de frijoles
y quedé a deber la sal.

Locutor:
Parece que la armonía conyugal ha sufrido un serio eclipse y no podemos esperar a que sea el esposo el que ceda en sus reclamaciones. El marido guata de mantener la actitud aun cuando la razón no este de su parte.

Ramón:
Cuando yo estaba soltero
bailando pasaba un mes
vivía como un marqués
y me sobraba el dinero.

[29.] Coqueta es la comoda para poner sus pintura, peine etc. de la mujer campesina.

Hoy le debo al bodeguero
al casero el alquiler
al planchador del taller
al viandero del mercado
y me pregunto angustiado
para que me eché mujer!

Así hemos llegado al final de la otra audición del programa criollo, *Delicias Matrimoniales*, audición que volverá mañana tratando algún otro problema del hogar.
Cantaron para ustedes, Coralia Fernández y Ramoncito Veloz, marco musical, a cargo del conjunto de Saborit, González y Lima. Escribió Chanito Isidrón... producción... locutor...
Hasta mañana, amigos.[30]

Décimas de Chanito Isidrón en el Circo de Calabazar de Sagua

Yo era niño cuando un día
llegó por Calabazar
un circo muy popular
que seis funciones daría.
El anunciador decía
vean al payaso Anteo,
los negritos Cuca y Cheo
y el asombroso trabajo
de Casi modo, un guanajo
bailador de Zapateo.

Además de un alambrista,
un gigante y dos enanos,
un gran jugador de manos
y un hábil malabarista.
Aquella noche la pista
de luces fue un abarrote,
y aunque era grande el molote
el guanajo que bailaba

---

[30]. Documento Inédito facilitado por María Esther Díaz Rodríguez (fallecida) viuda del poeta Chanito Isidrón, 2004.

noche por noche llenaba
el circo de bote en bote.

El sitial donde el guanajo
hacia de bailarín
era una plancha de zinc
tapada arriba y abajo.
El viejo entrenador trajo
el guanajo al redondel
¡y qué Gades ni Esquivel
¡ni el mismo Codina creo
que bailan un zapateo
como lo bailaba él¡

Pero yo y tres chico más
de la tertulia bajamos
y por un hueco miramos
el redondel por detrás:
Tres leños de sasafrás
ardían violentamente.
Y este era el truco inocente
que el guanajo se movía
cuando las patas ponía
encima del zinc caliente.

Entramos el otro día
al Circo, causando asombro
y nos llevamos al hombro
guanajo y leña que ardía.
El público no vería
zapateo ni minué;
lo que hubo un buen fricasé
de guanajo con «mofuco»
y el tipo que inventó el truco
levantó el circo y se fue.[31]

[31.] Chanito Isidrón. Semanario *Palante*.

Esperando carta

Que inútil es el empeño
y la espera prolongada
de una carta perfumada
de quien nos llamó su dueño.
Nos hiere y nos quita el sueño
cuando una carta esperamos
y hasta el correo llegamos
y la carta no ha venido
Y con el cuerpo caído
a la casa regresamos.

Cuando yo novia tenía
por allá por Bolondrón
por cruel oposición
visitarla no podía.
Las cartas se la ponía
en una ceiba ahuecada,
Y la repuesta anhelada
no siempre en el hueco hallé,
muchas veces registre
el hueco y no encontré nada.

Conocí novia en Florida
que a una chiva le amarraba
una carta y la llevaba
La chiva en viaje de ida.
Pero la Chiva atrevida
un día se fue de fiesta
Llevando la carta puesta
cuatro legua más allá
y todavía el novio está
esperando la respuesta.

Cuando yo me enamoraba
y una carta recibía
Los sellos los desprendía
y por detrás los besaba.
Ya besándolos pensaba

que eran los labios aquellos,
pero me erizaba los vellos
y un día me dijo Estrella
que era la abuelita de ella
La que pegaba los sellos.[32]

Cornelio Ferrer tenía
Una mujer medio boba
la que un sofá de caoba
con Roberto compartía
Ferrer la sorprendió un día.
Entre querer y querer
pero como que es Ferrer
idiota de los de anjá
Le dio candela al sofá
Y siguió con la mujer.

Pedro que sabe bastante
después de mil ajetreos
sembró un quintal de fideos
un miércoles de menguante.
Dijo si llueve a constante
A la izquierda a la derecha
y aseguro la cosecha
Le hecho papa sal y grasa
y sin salir de la casa
ya tengo la sopa hecha.

Hace poco que volví
de los Estados Unidos
donde hice unos recorridos
Apoyado por Martí.
y como que estaba allí
de un inglés bastante escaso
un yanqui medio payaso
llegó y me dijo jey yu
y yo le dije fufú
y la tuya por si acaso.[33]

[32.] Décimas de Chanito.
[33.] Trasmitida por Noel Sánchez Acosta, poeta Matancero que cultiva la décima escrita.

Décimas editadas en la Casa Bacardi, valiosa radioaudiencia Bacardi. *Por los Campos de Cuba*, 1950

Lo criollo y lo extranjero

Zoila:
Chanito, voy a llevarte
a un partido de futbol
y si entiendes su control
seguro vas a alegrarte.

EMPIECE CON BACARDÍ[34]

*Sé que vas a entusiasmarte
si presencias un partido
entre elemento aguerrido
que tiene pimienta y fuego,
porque el fútbol es el juego
más caliente y más movido.*

Chano:
*Ese juego es muy bonito
y saludable lo creo,
pero yo por un torneo
si es verdad que me derrito.
Si yo tengo un caballito
Jaquita o potranca panda
tomo el torneo a parranda
con toda mi intrepidez,
y no es la primera vez
que yo me llevo la banda.*

Zoila:
*Tú que nunca has presenciado
lucha, fútbol ni boxeo,
galopas en un torneo
siendo ese juego anticuado,
Ya el torneo está pasado
de moda, con el danzón;*

[34.] Sin concluir la décima el locutor introduce la propaganda del ron Bacardí.

*hoy toda la población
campesina se supera,
y abraza la luz de afuera
que llega a nuestra nación.*

SANO, SABROSO Y CUBANO

Chano:
*No existe juego mejor
que correr un buen torneo,
y cuando corro deseo
siempre ser el triunfador.
En un potro corredor
no me duelen ni los callos,
y si hay ligeros caballos
el torneo es para mí,
criollo cual Bacardí*[35]
o las peleas de gallos.

Zoila:
*Yo he presenciado un torneo
y cuando algún corredor
logra salir triunfador
le tocan un zapateo.
Para triunfar, ya lo creo,
tiene que ensartar la argolla,
y esa labor desarrolla
al son de un viejo timbal,
un güiro fenomenal
y una bandurria criolla.*

Chano:
*El torneo es fiesta estrella
del campesino cubano,
donde el corredor liviano
sus facultades descuella.
Es fiesta cubana y bella*

---

[35] La firma del Ron Bacardí, patrocinó programas del folklor popular en Cuba, *Bacardí por los Campos de Cuba*, los domingo a las 7 en en punto de la tarde, por las Ondas del cirquito CMQ,1950, *Décimas y Estampas guajiras* llegaban al a los hogares campesinos, jugó su rol para la promocion y disfrute de la décima para nuestro campesinado.

que por criolla la quiero,

HATUEY: SIEMPRE EN SU PUNTO

*por guajira la prefiero
y gozo con su donaire,
en Cuba, donde hasta el aire
se está volviendo extranjero.*

Chanito Isidrón:
¿Cómo es mejor viajar, por barco o por avión?

Zoila:
Chanito, me gustaría
Realizar una excursión,
y si es posible en avión
como el que ví el otro día.
Un trimotor, que tenía
literas encantadoras,
sirvientas, manejadoras,
manicura y peluquera,
yendo a España a la carrera
en menos de treinta horas.

Chano:
A mí no me hables de aviones,
yo quiero un hermoso barco
que pueda cruzar el charco
libre de complicaciones.
Esos motores chillones
jamás debieran usarse,
porque después de elevarse
cual águila fugitiva,
cuando se encuentran arriba
no hay sitio donde bajarse.

BACARDI: SANO, SABROSO Y CUBANO

Zoila:
El barco, cuando un ciclón

lo sorprende en alta mar,
aunque quiere maniobrar
no le obedece el timón.
No vale la precaución
de llevar telegrafía
si el mensaje que se envía
llega con demora extrema;
y en el avión no hay problema:
sale y llega el mismo día.

Chano:
Solo una vez me embarqué,
después de comer lechón,
con mi familia en avión
y en el aire me enfermé.
Por momentos olvidé
que andaba por otra esfera,
y pensando que pudiera
rompérseme el curricán[36]
le dije yo al Capitán:
«¡ay "Capi" si yo tuviera!»

Zoila:
El avión es más seguro
porque en menos tiempo llega,
sin embargo, el que navega
puede verse en un apuro.
El mar se pone muy duro
en época de ciclones,

TOME MALTA HATUEY

empiezan los empujones
si el barco va a zozobrar
y si te tiras al mar
te comen los tiburones.

[36.] Curricán, es un cordel, hilo de cierto grosor que se utiliza para varias cosas, dede bailar un trompo hasta amarrar un animal.

Chano:
Pero en el barco aunque sea
te pones un salvavidas,
y hay lanchas muy protegidas
en donde echar la pelea.
El barco a veces campea
el tiempo y otro lo auxilia,
y si el avión no concilia
su control ¿quien va a auxiliarle?
¡Entonces hay que mandarle
recuerdos a la familia!

Chanito Isidrón:
Tema: ¿Qué es mejor, el danzón o el mambo.
Enviado por: Pedro Gómez Feító,
Apartado 1, Sta. Clara

Zoila:
Huelga la interrogación
no obstante, va mi respuesta,
pues con una buena orquesta
me muero por un danzón.
Hay tanta y tanta emoción
en un danzón bien tocado,
que el galán enamorado
so y sonriente,
en cada cedazo siente
su placer multiplicado.

LA MALTA DE LOS CAMPEONES

Chano:
No niego yo que el danzón
es una música buena,
pero el mambo es el que llena
de pimienta el corazón.
El mambo es guarapo y ron,
piña, tabaco y café,
y si uno al sacar el pie
se joroba y se revuelve,

tal parece que nos vuelve
la juventud que se fué

Zolia:
Ese tronar de timbales,
güiro, tiple y cornetín,
ese armonioso festín
de cueros y de metales.
Esas notas de ideales
retumban todo el salón,
y si esos compases son
mango, plátano y melado,
no hay mambo, ni hay Pérez Prado
con Romeu y su danzón.

Chano:
El danzón será bonito
y no te digo que no,
pero ya en Cuba pasó
ese baile de brinquito.
Hoy el mambo está en el grito
y lo pide el elemento,
porque el mambo es turbulento,
nerviosismo, contorsión,

HATUEY: SIEMPRE EN SU PUNTO

repello, revolución
sangre, fuego y movimiento.

Zoila:
El mambo no encuentro grato
porque da la sensación
que todos en el salón
están en el arrebato.
Los que lo bailan un rato
dan muchos saltos de vicio,
y todo baile, a mi juicio
debe ser paz y contento,
placer en el movimiento

sin pena ni sacrificio.

Chano:
A mi me dan «mambo» y ron
y compañera delgada;
como el mambo no hallo nada
que remueva la ilusión.
Pasó a la historia el danzón
de prolongados letargos,
que sus compases amargos
recuerdan los tiempos idos
de los bigotes torcidos
y los calzoncillos largos.

¿Dónde vive mejor el pobre, en el campo o en la ciudad?
Tema enviado: por Dolores Quintana, Benavides. Prov. Matanzas.

Zoila:
Vive en la Habana mejor
cualquiera familia pobre.

BACARDI: SANO, SABROSO Y CUBANO
Para que alcance y le sobre
el fruto de su sudor.
El campo siempre es dolor
para el que no tiene nada,
la comida es «recortada»
y aquí con una peseta
me sirven una «completa»
sabrosa y bien despachada.

Chano:
Aquí dan una completa
del tamaño de un jamón
pero Zoila, la cuestión
es conseguir la peseta.
En el campo no se inquieta
el que no tiene dinero,
porque el vecino Sitiero
le da boniatos, frijoles,

arroz de la tierra, coles
y hasta leña del potrero.

Zoila:
Aquí en la Habana se viste
La mujer, con poca cosa,
y de forma decorosa
cualquier trabajo resiste.
En el campo, siempre triste,
no cuenta con nada de eso,
y si buscando el progreso
se pone a lavar pagado
por un mes de su lavado
le quieren pagar un peso.

MALTA HATUEY DELEITA, FORTIFICANTE

Chano:
En la Habana hay que pagar
veinte pesos por un cuarto,
si se trata de un reparto
bien lejos de Miramar.
En el campo, si hay palmar
ya tenemos yagua y guano,
y si hay un monte cercano
levantamos un ranchito
que si no queda bonito
es nuestro rancho y cubano.

Zoila:
En el campo hay que cargar
en un catauro[37] de yagua,
desde un arroyuelo el agua
para beber y fregar.
Si no hay bueyes con que halar
la rastra, para el bohío,
para bañarse es un lío
como quiera que ello sea,

---

[37] Catauro, henta con la yagua de la palma real para cargar frutas, comidas etc.

y si no tienes batea[38]
hay que bañarse en el río.

Chano:
No vengas del agua a hablarme
que aquí en la Habana es peor,
y cuando aprieta el calor
no tengo con que mojarme.
Hoy mismo, para bañarme
estuve al volverme loco,

HATUEY LA GRAN CERVEZA DE CUBA

tuve que comprar un coco,
amarrarle un cordelito,
Abrirle abajo un huequito
y destapar poco a poco.

Chanito Isidrón:
¿Cuándo es mejor casarse, en invierno o en verano?
Tema enviado: por Ofelia Hernández, Aguas Gordas, Banes, Oriente.

Zoila:
Si la boda es por amor
y existe confianza plena,
cualquier estación es buena,
pero el verano es mejor.
En el verano hay calor
y entonces, la dulce esposa,
en una jira amorosa
es muy posible que vaya
a pasarse allá en la playa
una estancia deliciosa.

Chano:
En el invierno es mejor
la boda sencilla y pura,
porque esa temperatura

[38.] Batea, es un recipiente reaclizado con madera o metal para que la mujer campesina labara o cargara la ropa.

le da más fuerza al amor.
Uno se entrega al primor
pasional de su "pollito",
y si aprietan un poquito
el frío y el viento helado,
uno se pega a su lado
buscando su calorcito.

EMPIECE CON BACARDÍ

Zoila:
Olvida que en el amor,
de fuego perenne río,
se resiente cuando hay frío
y aumenta cuando hay calor.
Siente el verano mejor
el que casado se ve,
que en donde quiera que esté
más libertad se concede,
y si hay frío no se puede
salir a pasear a pie.

Chano:
Yo casado quiero frío
aunque no tenga frazadas,
y me tiemblen las quijadas
helándose el cuerpo mío.
Yo para casarme ansío
un "pollo" que sea un trinquete,
gorda como un cubilete,
con veinte años de edad,
que me quiera de verdad
y deja que el frío apriete.

Zoila:
En el invierno hay que usar
frazada grande y que sobre,
y si el matrimonio es pobre
puede un apuro pasar.
En verano puede andar

con vestidos más ligeros
y en esos inviernos fieros
no se puede andar liviano,

SANO, SABROSO CUBANO

Ni levantarse temprano
ni jugar a los bomberos.

Chano:
La dulce luna de miel
exige más unidad,
y es una contrariedad
si el verano está muy cruel.
Con el calor huye de él
la señora protestando,
y si el mono está chiflando
él le dice con zandunga,
«Acurrucame, Casunga,
que el frío me está matando»

Chanito Isidrón:
¿Cuál Sería mejor, un ejercito de hombres o de mujeres?
Tema enviado por Evangelisto Montenegro.
Cuba 50. Camagüey.

Zoila:
La mujer superaría
al hombre en tiempos de guerra,
porque ella da por su tierra
lo que el hombre no daría.
Igual en la enfermería
como en la línea de fuego,
le sirve a su casa y luego
le da consuelo al herido,
libertad al oprimido,
pan al pobre y luz al ciego.

TOME MALTA HATUEY

Chano:
La mujer es una guerra
resulta un inconveniente,
y si hay que marchar de frente
no gana un palmo de tierra.
Si ve cañones se aterra
y forma la confusión,
le echa mano a una oración
y empieza a rezar llorando,
porque piensa que rezando
gana la revolución.

Zoila:
La mujer que marcha al frente
alienta con sus acciones,
y a los bravos batallones
le sirve como aliciente,
Ni el soldado más valiente
podrá eclipsarla jamás,
no sabe echar para atrás
si el escuadrón se retira,
y si hay que tirar, pues tira
lo mismo que los demás.

Chano:
Una mujer tira y mata
entre llantos y suspiros
pero en el rifle, los tiros
le salen por la culata.
si la lucha se desata
y hay que morir combatiendo,
la pobre mujer entiendo
que en el fuego no se afinca,

LA MALTA DE LOS CAMPEONES

Y si una rana le brinca
suelta el rifle y sale huyendo.

Zoila:
por lograr la independencia
contra las tropas hispanas,
muchas mujeres cubanas
dieron aquí su existencia.
Muchos hombres su presencia
negaron bien a las clara,
no quisieron dar la cara
quedando siempre a la cola
sin hablarse de una sola
mujer que se presentara.

Chano:
La mujer cuando pelea
es cuando está en la cocina,
o cuando alguna vecina
con un chisme la cuquea.
Cuando la guerra campea
es estorbo y no la quiero,
y si el combate es muy fiero
y su ejército es bisoño,
algunas dejan el moño
enredado en un zarcero.

Chanito Isidrón:
DESE GUSTO CON HATUEY

Si sientes que va a empezar
el fuerte clima cubano,

HATUEY: SIEMPRE EN SU PUNTO

y que de nuevo el verano
a chorros hace sudar.
Si quieres tú refrescar,
y refrescar con la ley;
en pueblo, campo o batey,
y en estos cálidos meses,

DATE GUSTO CUATRO VECES

TOMANDO CERVEZA HATUEY.

Tomando CERVEZA HATUEY
las horas pasan mejor:
se dice adiós al calor
y nuestra vida es de Rey.
Arriba del curujey
jutía caza el majá,
y mientras en el bagá
el fuerte sol cae a plomo,
mi buena HATUEY yo me tomo
Diciendo ¡QUÉ BUENA ESTÁ!

Ordeño mi vaca prieta
que me da siete botellas,
y a Dominante y Centellas
enyugo yo a mi carreta.
Me pongo mi chamarreta
con mi teja de yarey
y diciendo «tesia buey»
y «ven aca Perla fina,»
descanso de la fajina
tomándome media HATUEY.

BACARDI: SANO, SABROSO Y CUBANO

El amor de mi guajira
me da todo lo que ansío:
motivos al verso mío,
canción de amor a mi lira.
Mi pecho libre respira
trabajando en mi batey,
enyugo alegre mi buey
para mis campos sembrar,
y siempre tengo lugar
para tomarme mi HATUEY.

Cuando viene de sembrar
en nuestra pródiga tierra,
o de buscar por la sierra

maderas para aserrar.
Me gusta siempre esperar
a mi marido, mi rey;
sentir sonar el yarey
de su sombrero de guano,
y a mi guajiro cubano
brindarle CERVEZA HATUEY.

Por sus industrias MODELO
HATUEY no tiene rival:
SU PUNTO SIEMPRE ES IGUAL,
Su brillantez es de cielo.

MALTA HATUEY DELEITA, FORTIFICANTE.

La gran cerveza del suelo
cubano donde nací,
por eso surgen de mí
y por HATUEY con su fama,
las décimas del programa
Criollo de BACARDI.

DORSAVAL Y PALMITA BACARDI

Me gusta tomar café
caliente en la madrugada,
y una buena limonada
con su poquito de té.
Me gusta que ella me dé
su dulce boca a besar,
como refresco tomar
horchata de ajonjolí,

Y PALMITA BACARDI

Cuando me pongo a cantar
le canto a mi Cuba bella,
la limpia luz de su estrella,
su cielo azul y su mar.
A la belleza sin par

de la guajira de aquí,

HATUEY LA GRAN CERVEZA DE CUBA

A lo negro del totí
y a la linda bijirita,
y a la sabrosa PALMITA
Criolla de BACARDI.

La blanca luz de la luna
le da al arroyo reflejos,
oyéndose desde lejos
yaguasas en la laguna.
Le canto yo a mi montuna
las penas que llevo en mí,
la tierra donde nací
la cubre celeste manto,
y yo tomo cuando canto
PALMITA DE BACARDI.

Plantado tengo un «caró»
de buen café con mis manos,
y de plátanos manzanos
diez cordeles tengo yo.
Sembradas de quimbombó
dos rosas tengo yo aquí
de gardenias para ti
ya florecido un cantero,
y encima del tinajero.

PALMITA DE BACARDI.

En medio de la sabana
pastando van mis novillos,
rumiando en los espartillos
mojados por la mañana.

TOME MALTA HATUEY

En un programa de televisión, Chanito aparece tomando agua

LA POESÍA ORAL IMPROVISADA Y SUS PORTADORES

Poetas, tonaditas, humoristas e intérpretes de la décima que han cantado con Chanito Isidrón. La necesidad de investigar la obra de poetas, tonadistas e intérpretes de la décima humorística repentizada, es una mirada sobre la cual se refiere el investigador Virgilio López Lemús en su trabajo *Décima y Oralidad*, en el cual explica cómo se debe hacer una investigación a través de múltiples aspectos, con diferentes fuentes, en libresca y en el terreno, con un análisis donde se encuentre lo renovador y lo tradicional.

Al incluir estas fichas de poetas, intérpretes y tonadistas de la poesía oral improvisada, figuras, que han acompañado de una forma u otra a Chanito Isidrón Torres, he querido que el lector valore la calidad como repentista, tonadista y humorista en la décima y la poesía oral improvisada del poeta al compartir escenarios con la vanguardia de esta manifestación tradicional en la música cubana. Además, propongo que el lector conozca algunas pinceladas de la historia de la poesía oral improvisada en Cuba a través de sus portadores que, en última instancia, son los que muestran y determinan el reflejo de la realidad decimística de su tiempo.

Adolfo Alfonso González:

Poeta, decimista e Improvisador y cantante. Logró hacer reír al publico en controversias con Justo Vega, de gran valor escénico.

Comenzó su carrera artística como profesional 1939. Desde joven cantaba tangos y música mexicana. Más adelante, se incorporó a espacios en la programación de emisoras radiales, desarrollándose, como repentista, en: Radio Mambí y más tarde en la Mil Diez y Cadena Azul.

En 1953, trabajó en la CMQ en el programa *Competencia Nacional de Trovadores*. En 1955, en Radio Progreso y Unión Radio junto a *Los Cantores de Ariguanobo*.

Fundador de la Televisión cubana, con el programa *El Guateque de Apolonio*, en compañía del Indio Naborí. En 1962, formó parte del elenco que dio inicio al programa televisivo *Palmas y Cañas*, en el cual compartió escenario con Chanito, programa que se ha mantenido hasta la actualidad.

Ha participado en diferentes giras nacionales e internacionales y representó a Cuba en Panamá, Perú y México, República Popular de Angola, España y Venezuela. Es miembro de la Uneac y del Consejo Técnico Asesor de la Empresa Antonio María Romeu (de la música) y de la Comisión Nacional de Evaluación.

Se desarrolló como un buen repentista ágil y con el gracejo humorístico del campesino cubano, sin dejar de improvisar otros temas, muy gustada eran las controversias con Justo Vega, no sólo por el «tira-tira» sino por su valor dramatúrgico, aunque Adolfo aseguraba que era completamente improvisado.

Ha sido merecedor de diferentes condecoraciones: Orden Félix Varela de primer Grado, por la Cultura Nacional, Réplica del Machete de Máximo Gómez, Distinción Raúl Gómez García, y Diploma de Honor del Instituto Superior de Arte (ISA) por toda una vida, entre otras.

> Considero que el poeta de una singular expresión y tono en su voz, su décima se nutre de las raíces más autóctonas de la décima cubana y la lleva a la contemporaneidad.
> Fue colega de Chanito en diversos trabajos, en la radio en programas de los Bandos nos dice Chanito de Adolfo en 1954, "los poetas que incluimos sin ocasión ni indicación de la empresa fueron ... otro joven poeta, que llevaba muchos años con la adversidad, pues tenía una bellísima voz, buena poesía y un porte distinguido y no había podido ser elegido de la Fortuna.[39] y Adolfo en 1999, en entrevista en este mismo libro le dedica esta décima:

> *Cuando menciono a Chanito*
> *Como una estrella lo creo:*
> *-me parece que lo veo*
> *brillando en el infinito.*

---

[39] *Recuento. Memoria de Puño y Letra de Chanito Isidrón*, editorial Letras cubana, 2009, Pág. 24.

Chanito, un hombre erudito
En toda su dimensión
-¿Quién fue Chanito Isidrón?
Artista entre los artistas,
uno de los humoristas
más grande de la nación.[40]

Jesús Chávez Camero:

Poeta, decimista e improvisador. A los 17 años comenzó a cantar con El Indio Naborí en el programa *Jirón Campesino*, en la emisora: Radio Salas y en guateques campesinos. En el año 1967, es evaluado en el Consejo Nacional de Cultura de A. Para el año 1970, integra la Caravana CANADIEZ, con diferentes artistas del género campesino como María del Carmen Prieto, Celina González, Orlando Laguardia, Martica Morejón, Chanito Isidrón entre otros. Fue fundador del estelar programa *Palmas y Cañas*, de la televisión cubana, donde permaneció vinculado hasta su fallecimiento.

En 1982, fue seleccionado para integrar la Caravana artística que visita a Nicaragua realizando actuaciones en la frontera. Siempre participó en todos los programas campesinos de la televisión y la radio. Fue condecorado con la orden Marcos Martí, la medalla Antero Regalado (de la Asociación Nacional de Agricultores Pequeños, ANAP), la Medalla Raúl Gómez García (que otorga el Ministerio de Cultura) a quienes llevan y se mantienen activos por más de 25 años.

Además, fue reconocido con la medalla de los 25 años de permanecer en el programa *Palmas y Cañas*. Estuvo presente en todas las brigadas relacionadas con el trabajo artístico de la ANAP. En el momento de su fallecimiento se encontraba jubilado.

Improvisador de su tiempo y belleza en la tonada. Cantó durante 30 años como pareja en la improvisación con Orlando Laguardia Oramas, y cantó con Chanito Isidrón en diferentes canturías y conciertos.

Alexis Díaz Pimienta

Poeta, narrador, investigador, improvisador y profesor del ISA.

[40.] *Ibíd.*, p.131.

Ha participado como ponente y/o repentista en numerosos festivales y congresos sobre literatura oral en Cuba, Colombia, Venezuela, México, España, Suiza, Italia, Argelia, Brasil y Portugal. Además, ha impartido cursos y conferencias sobre este tema en las universidades de La Habana (Cuba), Antioquia (Colombia), Las Palmas de Gran Canaria, Cádiz, Granada, Sevilla, Alcalá de Henares y Almería (España), Évora (Portugal) y Zúrich (Suiza).

También, es válido mencionar seminarios ofrecidos por él en importantes instituciones docentes y culturales, como el Colegio de México y el Instituto Indigenista (México), el Real Conservatorio Superior de Música de Madrid y el Centro de Documentación Musical de Andalucía (España).

Dirigió y gestó la Cátedra Experimental de Poesía Improvisada, con sede en el Instituto Superior de Arte (ISA) de Cuba, y la Escuela Experimental de Trovo de la Alpujarra, en Almería, España. Trabaja como Subdirector de Desarrollo del Centro Iberoamericano de la Décima y el Verso Improvisado, en La Habana, Cuba.

Su obra poética y narrativa ha sido traducida al italiano, francés, inglés y alemán. Ha publicado los siguientes libros: *Robinsón Crusoe vuelve a salvarse* (Décimas, Editorial Sanlope, 1994); *Los visitantes del sábado* (Cuento, Colección Pinos Nuevos, Editorial Letras Cubanas, La Habana, 1994); *Prisionero del agua* (Novela, Editorial Alba, España, 1998); *Teoría de la Improvisación. Primeras páginas para el estudio del repentísimo* ([Ensayo, Editorial Sendoa, España, 1998] [Editorial Unión, 2000]); entre otros.

Pimienta ha obtenido relevantes premios entre los cuales resaltan el Premio Internacional de Poesía «Emilio Prados» 2000, en Málaga (España); el Premio Internacional de Poesía Ciudad de las Palmas de Gran Canaria, 1996; el Premio Nacional de Décima «Cucalambé» 1993, Las Tunas, por *Robinsón Crusoe vuelve a salvarse* (coescrito con David Mitrani); el Premio Nacional de Cuento «Ernesto Hemingway», 1989; entre otros reconocimientos y diplomas por su meritoria labor profesional. Alexis en su libro *Teoría de la Improvisación* reconoce lo dotes de improvisador de la poesía seria y humorística de Chanito.

«Considero que es un «Militante de la décima». Este poeta carga su improvisación de enseñanzas para las nuevas generaciones. Excelente improvisador y escritor que ha alcanzado su repercusión social en Cuba e Iberoamérica».

Fernando García González

Poeta, decimista e improvisador. En 1989 alcanza su profesionalización como poeta hasta 1997, que se jubila. Procede de una familia de improvisadores: su padre Juan Pablo García, alias Pio, lo era y también sus siete hermanos. Asistía a guateques y canturías desde los siete años. Cuando triunfa la Revolución cubana, participa en los primeros Festivales de Aficionados. Comienza a cantar y escribir décimas. Obtuvo más de doscientos premios entre municipales, provinciales y nacionales. Escribió libros de décimas y poesías para niños como: *Yo voy soñando camino* (décimas), *Con Sonrisas y Palmas* (poesía), entre otros. También pública en los periódicos *Granma* y *Girón*.

Obtuvo diferentes medallas y distinciones: La Raúl Gómez García, 28 de Septiembre, Fundador de la Asociación Nacional de Agricultores Pequeños, ANAP, La Viajera Peninsular, así como un Diploma de Honor. Admirador de la obra de Chanito Isidrón, propone en el 2004 que se declare el día de la décima Humorística el 26 de septiembre fecha de nacimiento del poeta Chanito Isidrón.

Fue conocido como el Poeta de la Ternura, por cantarle al amor, a la naturaleza y la poesía social. Hasta su fallecimiento continuó activo en la vida cultural del país. Tiene décimas que pasaron a la historia por su repercusión social, como la declamada por un estudiante universitario por su trabajo a «Platero».

Mi valoración es que, improvisador de buena décima, se mantuvo arraigado a su natal Matanzas, siempre preocupado por el rescate de la tradición campesina., nos dice el poeta en entrevista para el libro Recuento...

«El Elegante poeta de las Villas, era un perfecto profesional de la décima, que lo mismo te hacia llorar que reír. Recordamos en una actividad en Juan Gualberto Gómez (Sabanilla), donde el Indio Naborí y Angelito Valiente cantaban décimas muy patrióticas, por lo que un anciano veterano se echó a llorar y se puso en muy mal estado, en eso llegó Chanito y se encargó de la situación, y le dijo estos versos:

Cuantas veces a la vieja
Él le dice en un suspiro:
-ya yo no apunto ni tiro,
La enfermedad no me deja ...

En estos versos improvisados con toda intención, logró el efecto deseado en el anciano, así dejó de llorar para empezar a reír. Chanito Isidrón era un técnico en la décima, era un formidable tonadista y un artista que honraba nuestro arte campesino y tradicional.[41]

Luís Gómez Martínez, El Rey de la tonada Carvajal

Tonadista, decimista humorístico e improvisador. Conocido como, El rey de la tonada Carvajal, cantor de tonada triste o española, intérprete además de diferentes tonadas, se caracteriza por una poesía de alto vuelo. Sus temas tocan fluctuaciones de la vida e incursiona en el humorismo, utilizando con asiduidad la crítica irónica.

Ha sido protagonista en varios documentales de cine. Participó como invitado al Festival Latinoamericano de las Casa de las Américas, en 1972. Sus obras: *Rumores de mi Batey* y *Romances de mi Palmar*, fueron publicadas (como *plaquettes*) en la década del 50. Aparecen fragmentos de su vida en *La vida de Luís Gómez* y *El Último Poeta*.

Samuel Feijóo amigo de este poeta cienfueguero, incitó a que se escribiera la controversia imaginaria y en la cual participaran diferentes personalidades como Pobeda, Padre Capacho etc., Además, grabó un disco: *Luís Gómez, Canta y Cuento*, muy gustado en Latinoamérica y donde aparecen variados modos de interpretar la décima; pero sobre todo se destaca su décima de las canas. Seguidor de la Décima Humorística, en el mismo estilo que Chanito.

Para mi, un excelente improvisador de la décimas humorística. Refleja la realidad de una forma directa y con lenguaje popular. Su impronta fue abordada a través de diversos documentales. Por su meritoria labor en la tonada.

Pedro Guerra Rojas

Poeta, decimista e improvisador. Su vida artística la desarrolló en los Municipios Bejucal, San Antonio de los Baños y Güira de Melena. Participa con Justo Vega en el *Cuarteto de Trovadores Cubanos*. Participando en los *Conciertos Típicos Criollos* en la Tropical con el poeta Chanito Isidrón. Sus décimas tienen un lenguaje directo, claro y sencillo, cargado de poesía. El ritmo en su improvisación es ágil. Voltea la idea del otro y toma el pie de su contrario.

---

[41] *Ibíd.*, p.115-116.

Improvisador que recrea la décima sin precipitaciones, haciendo las pausas de la espinela tradicional y retomando el pie del otro.

Inocente Iznaga González El Jilguero de Cienfuegos

Decimista y tonadista, compositor, dramaturgo, cantante.

En 1943 es escuchado por el poeta cienfueguero Carlos Paret Ayala, El Cubanito, quien lo invita para que se presente en la (radio) CHM. Debemos especificar que ya, desde los 13 años, cantaba en la radio de su ciudad natal y donde se le dio a conocer a El Jilguero. En el año 1948, se trasladó para La Habana. Fue seleccionado *El príncipe del Punto Cubano*, en un espacio que dirigía Gabriel Tremble. Desde entonces, comenzó a escuchársele en diferentes programas radiales como *Patria Guajira*, en la CMQ y *Cantores de Ariguanabo*, Radio Cadena Habana. Se integró con el grupo de Modesto Morejón en Radio Salas y se convirtió en una de las figuras del estelar programa de la Televisión Cubana *Palmas y Cañas*, entre otros espacios de canales televisivos.

Relata la periodista y escritora Maritza Vega Ortiz (Güines, Mayabeque, 1968) que, Iznaga consideraba la amistad una prueba irrefutable de camaradería y nobleza del espíritu.

Inocente Iznaga se unió en lazos matrimoniales con Martica Morejón, tonadista e intérprete de música guajira y latinoamericana. Además, se le pudo ver actuar en la novela *Infierno Verde*, escrita y dirigida por Félix Pita Rodríguez, e hizo *sketchs* humorísticos en la televisión junto a los archiconocidos actores dramáticos y humoristas Erdwin Fernández y Eloísa Álvarez Guedes, Chanito Isidrón entre otros.

En 1962, toma la pantalla por asalto en *El Guateque de Apolonio*. El público lo identifica por sus tonadas y canciones. Representa a nuestro país en el Festival de la Música Sopot (en los antiguas naciones socialistas de la ex Europa del Este, donde recibe el primer premio. Viaja a México, Nicaragua, Panamá, Siria, Perú, entre otros países.

Iznaga es revitalizador de diversas tonadas cienfuegueras, espirituanas y camagüeyanas. Popularizó la tonada de la risa y entre sus interpretaciones cuentan: «La Caldosa», «El caminito de Zaza», entre otras. En el artículo de la periodista Maritza Vega «¿Qué es verso, sino un sueño», nos dice: el muy querido Jilguero de Cienfuegos, menciona a un grupo de poetas incluyendo a Chanito Isidrón y nos dice: «estén donde estén, lo recordare con mi más absoluta gratitud».

Patricio Lastra Sánchez

Poeta, repentista. Recorrió toda la provincia de La Habana, presentándose en cientos de Canturías, certámenes y concursos que abrían sus puertas para escucharlo. Patricio Lastra es fundador del Trío Ariguanobo, del Bando Lila. Con Pedro Guerra; José Marichal; José Sánchez Santana; Hermenegildo García, Clavellina ; Chanito Isidrón y posteriormente con Jesús Orta Ruíz, El Indio Naborí; Justo Lamas; Esteban Arencibia, "Behíque"; Chanito Isidrón. Fundó el programa *Una hora en mi Bohío*, donde reunieron poetas valiosos. Ha sido honrado con la sinceridad de sus compañeros, por su entereza y su excelente humor.

Su décima se caracteriza por su gran valor poético. Se le considera un genuino escultor de la sencillez. En sus improvisaciones lograba pinceladas humorísticas. Abordó diferentes temas con efectivo impacto en sus receptores. Dirigió el Bando Lila durante varios años, logrando el respeto de su público.

En la presentación del libro El cazador, *del poeta y editor Raúl Luis, junto a los investigadores Daisy Valls y Virgilio López Lemus*

José Marichal Negrín

Se relacionaba con poetas de disimiles regiones del país, incluyendo a Chanito y a la vez se le encuentra ubicado con diferentes generaciones de poetas, pero fundamentalmente, con Naborí, Valiente, etc.

En 1938, forma parte del trío Ariguanobo y su bando Lila en la CMCX Con el humorista de la décima Chanito Isidrón Se destacan las controversias ejemplo: la del tema de la naturaleza y otras como El libro, realizada con Justo Vega.

Sus décimas abordan diferentes temáticas, destacándose, los de la naturaleza. Son famosas sus décimas en la poesía titulada: «Agua dulce y amarga», así como las referentes a cuestiones sociales y en las cuales se advierte una carga de sencillez y belleza poética.

Clásico improvisador de su tiempo, posee un ritmo lento, retoma el pie del otro en sus improvisaciones. En sus décimas nos deleita con los paisajes campesinos y la belleza.

Ignacio Gilberto Morales, Guambín

Inicia su carrera artística profesional en 1951, en el municipio de San Cristóbal, antiguo territorio de la Provincia de Pinar del Río. El dúo que conformó con Guambán en 1958 actuó en Radio Cadena Habana, en el programa *Patria Guajira*, dirigido por Justo Vega. Ha participado en diferentes programas televisivos, específicamente en *Palmas y Cañas*, compartiendo escenario con Chanito Isidrón en el estelar humorístico de la Televisión Cubana (ya desaparecido) *San Nicolás de Peladero*. Otros espacios de la pantalla chica han acogido su arte, entre ellos *Meridiano Campesino* y *La Parranda Campesina*.

Participó en programas campesinos radiales en las emisoras: Radio García Serra, Radio Cordón de La Habana, la COCO, Radio Lavín, Radio Saborit, entre otras. Se reconoce por su destacado papel en la difusión y desarrollo del llamado folclor campesino, aunque (en este propio libro, se ha definido como parte de la música tradicional cubana, o sea más allá del concepto folclórico, propiamente). Entre las actividades que ha participado se destacan las presentaciones en caravanas culturales y las Jornadas Cucalambeanas.

Es loable su participación en los concursos: Eduardo Saborit, el Festival de la Toronja, así como en varios homenajes junto a Adolfo Alfonso, Germán Pinelli, la Orquesta Aragón y Compay Segundo. Integró la brigada artística Raúl Gómez García durante 16

años. Ha visitado varios países como China, Mongolia, Venezuela, Angola, Islas Canarias, entre otros.
Conoció la obra de Chanito Isidrón en diferentes actividades. Poeta y excelente tonadista. Hace la combinación perfecta, motivando al público en la pareja que integra junto a Cecilio Pérez, Guambán.

Jesús Orta Ruíz

El Indio Naborí. Poeta, decimista, improvisador, periodista e investigador de la cultura popular Hispanoamericana.
Procede de una familia campesina, desde joven se destacó en varios oficios. Esforzado y caracterizado por la necesidad de una continua superación profesional, logra el reconocimiento de sus colegas y de relevantes poetas reciprocando, le dedica una décima humorista a Chanito Isidrón.
Cuenta con una extensa obra y por su gran calidad recibe diferentes premios y distinciones, entre ellas diez títulos (libros) en prosa y catorce poemarios, traducidos a varios idiomas. Recibe en 1995, el Premio Nacional de Literatura de Cuba. Su creación literaria aparece en varias antologías nacionales y extranjeras. Ha sido galardonado con la Orden Félix Varela, de primer grado y el título Honorífico Héroe del Trabajo de la República de Cuba, así como la Medalla Alejo Carpentier, que otorga el Consejo de Estado de la República de Cuba.
En 1996, obtuvo el premio de la Crítica literaria por su libro: *Con tus ojos míos*. A propuesta de la Facultad de Filología de la Universidad de Oviedo, España, fue nominado para el Premio Príncipe de Asturias, en las Letras, para la edición de 2000, siendo finalista.
Los encuentros poéticos en el Casino Español de San Antonio de los Baños y en Campo Armada con Ángel Valiente, han sido calificados por Maximiliano Trapero, Catedrático de Filología Española, como el hecho cultural de mayor trascendencia de nuestros tiempos.
El Doctor Virgilio López Lemus, poeta crítico literario, ensayista, se refiere: «El indio ha hecho notables aportes a la poesía cubana en el campo de la décima, en otras estrofas o moldes literarios y en versos libres, cuya indudable valía puede compararse en libros como *Estampas y Elegías*, 1955...*Boda profunda* (1957) y más tarde en el verso librismo: *Entre y Perdone Usted* (1973), *Entre el reloj y los espejos* (1994), *Con tus ojos míos* (1995), este último obtuvo el Premio de la Crítica. Su antología de los diez sonetos *Una parte*

consciente del crepúsculo, lo ha convertido en un nombre imborrable de la historia literaria de Cuba.

Gran improvisador, en su tonada posee una belleza incomparable y esto lograba una identificación artista-auditorio. Logró renovar la improvisación de los poetas de su tiempo, a partir de la introducción de elementos literarios en su décima oral. Fue quien impulsó la necesidad de cultivar una poesía bella y cuidada en el estilo, al más alto relieve político y social. Supo traer la poesía de Juan Cristóbal Nápoles Fajardo a la contemporaneidad, dándole un aire renovador, de una manera dialéctica.

Naborí publicó en el semanario *Palante* en la sección «Dímelo Cantando» Epigramas firmado como Juan claro con tema de Humor costumbrista.

Polo a un piropo:

Aquella vez en estado
De gestación, pasó Estrella.
-¡Que barriguita más bella!
-dijo un "tipo" descarado.
De pronto llegó Diosdado,
hombre, fuerte y peligroso,
y ella le dijo al chistoso
con ironía cabal:
-Si usted desea otra igual
puede contar con mi esposo.

Fueron compañeros de trabajo en las diferentes emisoras como en el programa *Patria Guajira* de Radio Cadena Habana entre otros, **Naborí** también le canta a Chanito:

Mi casa estaba sombría.
Por la miseria, era un drama.
Para escuchar un programa
Alguien la radio encendía.
De pronto, la vieja reía
ante esta presentación:
«yo soy Chanito Isidrón,
el guajiro Villareño,
alto, delgado y trigueño,

diente de oro y narizón».
Chiste, de alegre tonada...
el dolor se hace sonrisa,
la sonrisa se hace risa
y la risa carcajada.
Gracias, rey de la humorada,
gracias, Chanito Isidrón,
porque en horas de aflicción
tu bondad fue divertir:
Canta...que para reír
Vino la revolución.[42]

José Enrique Paz Esquivel, Papillo

Poeta repentista y escritor. José Enrique Paz Esquivel el gusto y afinidad por la décima le viene por tradición familiar. Su quehacer artístico lo desarrolla en el municipio Güines, provincia Mayabeque, uno de los municipios del país con mayor relevancia en la poesía oral improvisada de Cuba. Ha cantado en varias ocasiones con poetas de Cuba e Iberoamérica es un gran conocedor de la décima humorística del poeta Chanito Isidrón.

Asistió a diferentes eventos entre los cuales se destacó por su participación: Concurso Nacional de Repentismo Pedro Luis Álvarez (Wicho), en la Casa Naborí, Matanzas, en el año 1997. El Encuentro Infantil de Música Campesina en la Casa Iberoamericana de la Décima, en Las Tunas contó con su presencia en el año 1996-1997. Además, formó parte del jurado en el Concurso Nacional de Jóvenes Improvisadores Francisco Pereira, Casa Naborí, en Matanzas, en los años 1998, 1999, 2005, 2007 y 2008.

Intervino en los años 1998, 2001 y 2003 en el jurado del Concurso Nacional de Repentismo Justo Vega y en los años 1998, 2001, 2002 y 2003, asiste a las Jornadas Cucalambeanas de Las Tunas.

Formó parte de la Canturía más larga del mundo, evento convocado por el Centro Provincial de la Música Antonio María Romeu y el Centro Iberoamericano de la Décima y el Verso Improvisado, Güines, La Habana, 2001. Estuvo presente en homenajes a personalidades del género campesino como Jesús Orta Ruíz, Adolfo Martí, Pepe Ramírez, entre otros.

[42.] Décima leída, publicada en *Palante* en su 75 aniversario del nacimiento de Chanito.

Colabora en los programas televisivos *Palmas y Cañas*, *Décima y Punto* y *Catálogo Cubano*. Interviene en programas radiales de música campesina en las emisoras Radio Güines, Radio Progreso, Radio Rebelde y Radio Jaruco.

Forma parte de la gira de intercambio cultural en Islas Canarias en diversos años. En el año 2000, graba y lanza dos CD de Música Campesina *Mi Abuelo Canario y yo I y II*. Ha participado en diversos festivales y fórum de cultura sobre la música campesina, en todo el orbe. Transmite sus conocimientos sobre el repentismo en talleres para adultos y niños como el ofrecido en Fuerteventura, España.

Obtuvo el Premio en Controversia y, el primer Premio en pie Forzado, en el Festival Provincial de Pie Forzado y Controversia, en Güines, 1995. Además, le conceden el Primer Premio en el Concurso Nacional de Repentismo Pedro Luís Álvarez (Wicho), en el año 1997. Y el de Cultura Municipal, en Güines, La Habana, en los años 1998, 1999, 2000, 2001, 2002, 2003, 2004, 2005, 2006, 2007, 2008, 2009.

Destacado improvisador de la cultura cubana y de Güines. Es un conocedor de la obra de Chanito, a pesar de su contemporaneidad, mantiene la tradición de la décima siguiendo los cánones de la décima de Espinel como baluarte de su quehacer artístico.

Luis Paz Esquivel, Papillo

Poeta repentista, decimista director del Cidvi.

Se inicia en la vida poética por tradición familiar. Ha sido promovido en Radio Güines desde 1997, así como en los programas televisivos *Palmas y Cañas* y *Décima y Punto*, donde fue guionista e investigador.

En 1987, obtiene el primer premio en décima escrita en el Concurso Álvaro Barba Machado. En 1988, se adjudica el tercer premio en poesía en el Concurso Alfredo Corcho Cinta y mención en décima. En 1994, obtiene el segundo premio en el Concurso de Jóvenes Improvisadores, Matanzas. En 1995, segundo premio en el Concurso Nacional de Repentistas, Pedro Luis Álvarez (Wicho).

En 1997 recibe el primer premio en el Concurso Justo Vega, Las Tunas. En ese mismo año también participó en el Primer Encuentro de Décimas de Latinoamérica en el Caribe, San Luís Potosí, México, y obtuvo un reconocimiento por el Ayuntamiento Constitucional

Ángel R. Cabada, Veracruz. En 1997 recibe el reconocimiento del Ayuntamiento Constitucional de Morelia, Michoacán, México.

En 1999, ocupa el segundo lugar en el I Festival de Música Campesina celebrado en Güines y organizado por la Empresa Antonio María Romeu. En 1999 segundo lugar Concurso Justo Vega, ese mismo año obtiene el Premio Uneac Primer Premio en el Concurso Justo Vega, Las Tunas. 2001. Participa en el Primer Seminario Metodológico de la Décima Improvisada, Cidvi, Ciudad de la Habana. Es profesor del Primer Seminario de Niños Improvisadores, organizado por el Cidvi, ISA, Ciudad de la Habana. 2001 Inculcándole a sus alumnos el valor de la interpretación de la décima del doble sentido de poeta Chanito Isidrón.

Desde el 2000 es miembro de la Uneac y del Consejo Técnico de la Empresa Antonio María Romeu, obtuvo el primer premio en el Festival de Repentismo en el Cubadisco, 2010, Actualmente es el director del Centro Iberoamericano de la Décima y el Verso Improvisado (2010).

Destacado improvisador. Poeta que posee fuerte estabilidad hasta en los momentos que es fieramente atacado por su contrincante. Admirador de la obra poética de Chanito y reflejada a sus alumnos como profesor especializado en los talleres de repentismo Infantil; desarrolló destacados repentistas como Lianet Ulloa, Ernesto Guerra entre otros.

Francisco Pereira Núñez, Chanchito

Se inició como improvisador en su adolescencia, mostrando calidad en la improvisación de la décima. En 1970 ingresa en la Empresa artística Antonio María Romeu.

«En el plano profesional, Pereira se hizo un repentista excelente con una décima depurada e insuperable», nos refiere el poeta Orestes Pérez, biógrafo personal. Fueron famosas sus controversias con el matancero Ernesto Ramírez. Contó con una amplia participación en los programas de radio, la televisión y en diferentes giras artísticas compartiendo con Chanito. Representó nuestro arte en varios países de Latinoamérica y de otras partes del mundo.

En 1999, ocupa el cargo de Presidente de la Comisión de Evaluación del Centro Provincial de la Música. Los campesinos cubanos le recuerdan porque marcó un hito en la décima oral en el país. Su sencillez, su constante espíritu renovador, su capacidad de abordar cualquier tema y de enfrentar al repentista más exigente lo convierte en un artista aclamado y respetado por todos.

Pereira poseía un canto que le fluía sostenido por el gesto, —nos dice Orestes— su temperamento y fraseo estaban enmarcados por la intención y el sentimiento propio del cubano.

Su décima logra desde su génesis, hasta su final, una tendencia hacia la perfección. Su voz poseía un registro o tono grave y profundo que se mantenía por debajo de la improvisación.

Cecilio Pérez Martínez

EL Guambán de la Música Campesina. Poeta, tonadista. A los 7 años comenzó a cantar con su padre, en el Trío Pinareño, desde entonces interpretaba las décimas de su padre.

El poeta como decía su padre pasó a ser un joven del arte campesino y con 18 años el 24 de Febrero de 1958, interpretó, a petición del ilustre caballero de la décima cubana Justo Vega, una controversia con el niño prodigio Gilberto Morales; hijo del poeta Dilio Morales, en el programa *Patria Guajira* de Radio Cadena Habana. Aquella interpretación le ganó el respeto y agrado del pueblo, dejándolo como suplentes de los reconocidos poetas El Jilguero y Raúl Rondón.

En 1960, integró el Conjunto de Alejandro Aguilar donde permaneció hasta 1972. Compartiendo escenario con el poeta Humorista Chanito Isidrón. En 1961, Alejandro, Aguilar el Príncipe del Laúd, le llevó a la CMQ, para que lo escucharan Eduardo Saborit, Adolfo Alfonso, Miguel Ojeda, Miguelito Cuni, Barbarito Diez y El Indio Naborí, quien sugirió cambiarle el apodo pues decía que no era niño. Posteriormente, formó parte del elenco de los programas *Alborada Guajira* y *Al Cantío del Gallo*. Este mismo año recibió el carnet de artista profesional.

En 1963 lo llamaron para el programa *Vivimos en Campo Alegre*, de Radio Rebelde donde permaneció por 22 años. Este programa pasó a ser llamado *La Parranda de Rebelde* y en el cual se mantuvo laborando.

En este período, además, formó parte del elenco del programa estelar televisivo: Palmas y Cañas, hasta el año 2003.

En el 1969, matriculó en la escuela de música, Conservatorio Ignacio Cervantes. Cursó hasta el 3er año de teoría y solfeo. En su estancia en el Conjunto de Alejandro Aguilar, pudo actuar junto al Jilguero de Cienfuegos y Carmelina Barberi, realizó una gira por la URSS, China, Mongolia y Corea del Norte, impidiéndole continuar en la escuela de música. Sin embargo, se mantuvo en el Conjunto de Alejandro Aguilar por 12 años.

Participó en el programa estelar televisivo humorístico y musical *San Nicolás del Peladero*. También formó parte del elenco del programa televisivo: *Casos y Cosas de Casa*. Actuó con Luis Lloró en *El Son Voy Abajo*. Trabajó con el actor que interpretaba a Filomeno (Pototo y Filomeno) en varios programas, después que se marchó el actor que hacía de Pototo.

Incursionó en el programa de la pantalla chica *Tía Tata Cuenta Cuentos*. En 1989, con el grupo *Palmas y Cañas*, visitó la República Popular de Angola. En el 1992, por la Federación Sindical Mundial, visitó Colombia, México y Venezuela. Entre 1994 y 1998, participó en una jornada de promoción cultural en Las Palmas de Gran Canaría, España.

Entre las medallas recibidas debemos resaltar: Medalla por la Cultura Cubana, Raúl Gómez García, que propone el Sindicato Nacional de Trabajadores de la Cultura, recibió la condición de Vanguardia Nacional en tres ocasiones, Trabajador Distinguido del Ministerio de la Cultura, Tres Medallones del ayuntamiento de Telde de las Palmas de Gran Canarias, entre otras.

A pesar de su jubilación, trabajó en las emisoras: Radio Cadena Habana, Radio Rebelde y la Taberna de la Muralla, de la empresa turística Habaguanex.SA.

Considero que es un poeta y excelente tonadista. Hace la combinación perfecta, motivando al pueblo con la pareja de Gilbertico Morales, Guambín. Que es muy conocida por la presentación de su tonada «Guambín y Guambán» con el pueblo, Guambín y Guambán, pa´pa´pam....

Orestes Pérez Tagle

Poeta improvisador y humorista. Improvisador desde niño, Cursa la enseñanza primaria y media hasta llegar a ser maestro actividad que ejerció hasta mediado de los años ochenta, que se hizo poeta profesional. Es seleccionado para pasar el seminario metodológico para la enseñanza del repentismo con el poeta e investigador Alexis Díaz Pimienta (2001, ENA), así más tarde, da clases a niños de los Talleres Especializados de repentismo Infantil en los Palos y Nueva Paz, también representó al Centro Iberoamericano de la Décima y el Verso Improvisado, impartiendo clases de repentismo a la Zona

Central del País a profesores y alumnos, participa en canturías y eventos tanto con décima seria como humorística, fue amigo y biógrafo de Chanchito Pereira, participó como invitado a la presentación del proyecto del Punto cubano en San José de las Lajas (2013), es un poeta dispuesto y preparado para asistir a cualquier actividad, y admirador de la obra de Chanito Isidrón. Se le hace un homenaje y es presentado su documental, 2018. Es un poeta de gran carisma y su décima llega con el mensaje de agradar y enseñar a las nuevas generaciones de poetas.

José Pijeira Alonso, Pepe Pijeira

Poeta e improvisador. Comenzó a improvisar décimas alrededor de la década de los sesenta. Pepe, como cariñosamente lo llamaban sus amigos, vecinos y colegas se convirtió en uno de los improvisadores más convincentes y fuertes del país. En las actividades que participaba trato de atraer a los jóvenes valores que surgían atrapados en la música tradicional cubana. Su espinela, de corte rural, impresionaba a los que solían escucharlo, por el impacto de sus imágenes en la expresión autóctona de nuestra décima contemporánea.

Pijeira se encuentra entre los cuatro grandes de la décima campesina, en Cabezas, y en Cuba; acompañado con Justo Vega, Eloy Romero y Ernesto Ramírez.

Ernesto Ramírez Arencibia

Poeta, decimista e improvisador. Comenzó a improvisar sus décimas desde la adolescencia. Con temprana edad se consolida como un poeta de calibre y sus décimas se expanden por todo el país. Su quehacer poético es caracterizado por un lenguaje sencillo y cargado de bellas metáforas, fundamentalmente con temas del campo y sociales. Es admirado por su público. Su obra es cantada en todo el país, recuérdese la controversia: «La injusticia», realizada con el poeta Tuto García.

Con Orlando Laguardia actuó, por vez primera, en la sala José White de la Ciudad de Matanzas. Maestro de profesión, Licenciado en Educación Primaria, título que obtuvo con gran esfuerzo y dedicación, estudiaba al mismo tiempo que realizaba su trabajo profesional con estudios de la décima humorística de Chanito Isidrón.

Cantó con los principales repentistas de la poesía oral en Cuba, tales como: Francisco Pereira, Gerardo Inda, Fernando García, Jesús García, el Chino Mirabal, Gobiel Cruz, Sergio Medero, Gustavo Tacoronte y Pedro Guerra, entre otros.

Su décima impacta, porque suele ser lento o ágil, según sea su contrario. Le gustan los temas bucólicos por su apego a la tierra. Es admirado y respetado por su sencillez y modestia. Ernesto Ramírez estuvo muchos años como aficionado de la décima; a pesar de su calidad interpretativa y creadora. Cantaba en la peña de Laguardia, en Jacomino, todos los domingos.

Eloy Romero y Chanito Isidrón en «Los sordos de cañón», programa Dímelo cantando

Rigoberto Rizo Maldonado

El Saltarín de Madruga. Poeta, decimista e improvisador y humorista. A los 13 años de edad cuando lo llevaron a los guateques de la zona de Madruga, nos dice el poeta, hacía una «decimita mala». Cuando contaba con más años logra asistir a canturías con el poeta Rafael Rubiera, Chanito Isidrón y otros como Ernesto Suárez. Más tarde se fue a La Habana para tratar de abrirse paso compitiendo en el programa: Buscando el Príncipe del Punto Cubano (década del cuarenta). En este certamen alcanzó el segundo lugar y en la otra oportunidad el primer lugar, desplazando al poeta Antonio Camino. En ese concurso los poetas competían por pié forzado y el ganador se mantenía una semana en el programa, al finalizar, los ganadores volvían a competir, los resultados eran en aplausos y el más aplaudido era el finalista.

Trabajó en el programa *Vivimos en Campo Alegre* y que él denominó «Nómada», puesto que siempre estaba recorriendo los campos de Cuba. Cantó con muchos poetas sobre todo con Rafael Rubiera, Orlando Vasallo y Clemente Cruz Barrueta, trabajó en la radio con Chanito y fue pareja de controversias en la décima Humorística.

Rizo, hizo pareja también con Adolfo Alfonso en el programa *Competencia de Trovadores Cubanos*, de la emisora Radio Mambí.

Su décima, según Ramón Martínez: «es muy competente y mantiene un lenguaje directo, no rebuscado, hace gala de humorista criollo, muy certero, lo cual le permitió hacer pareja de la décima humorista con Chanito Isidrón y otros de los mejores exponentes del género como Ernesto Suárez».

Lo homenajearon en Madruga, 2001, la Dirección Municipal de Cultura, cuando arribó a su 80 aniversario, y por el Centro Iberoamericano de la Décima.

«Sus palabras al viento retumbaban y se hacían voz rebelde en sus garganta», según Ana Núñez Machín.

Humorista por excelencia. Nunca abandonó su terruño, pero esto no le impidió codearse junto a los grandes de su tiempo y entre los cuales, él forma parte. Su poesía se caracteriza por un equilibrado lenguaje, busca formas sencillas y directas para acercarse a su público.

Prudencia Rodríguez Caso. Radeúnda Lima

Tonadistas, cantante, intérprete, compositora. Su nombre artístico es Radeúnda Lima o como más tarde la llamaron: «La Hermosa guajira villaclareña».

Hace su debut en la *Corte Suprema del Arte*, alcanzando el galardón de Estrella Naciente. En 1931 comienza su labor artística profesional en las emisoras de su provincia, que siempre le abrieron sus puertas. Podemos citar a: CMHK, La Casa de Virgilio en Cruces, CMHI, en Santa Clara y en la RHC Cadena Azul de Santa Clara, hasta que, posteriormente, se traslada para La Habana.

También se presentó en teatros, circos y más tarde en la televisión. En esta etapa, las empresas líderes de la época: La Gravi y La Bacardí, contrataban a los intérpretes de la décima con intereses comerciales y Radeúnda, gozaba de una buena imagen y excelente composición.

Diferentes números se pegaron en el *rating* de las distintas emisoras. Podemos citar: «Te vieron anoche», «La palma de mi mano», «Rumores matutinos» y «Qué es lo que más dice».

En 1943, Radio Lavín fue adquirido por el Partido Socialista Popular y tomó el nombre de Mil Diez, la Emisora del Pueblo. Radeúnda conoció a dirigentes obreros socialistas como Blas Roca y Lázaro Peña, quienes ayudaron mucho a la cantautora.

En esta década participaba en *Dímelo Cantando* con Rafael Ruíz del Viso, "Siboney" (locutor de programas), Eloy Romero, Alejandro Aguilar, Chanito Isidrón y El Indio Naborí. Esta constelación de talentos le reforzó su calidad.

Sus espinelas tienen un carácter popular y son dignas de ser catalogadas entre las mejores décimas elegíacas cubanas, dedicadas a las madres.

No obstante, Radeúnda es más que una intérprete de décimas. En sus canciones está presente «la estrofa del pueblo cubano».

En su décima «Desafío al sinsonte», muestra una excelente factura, además de un claro espíritu de contradicción. En estas, la poetisa entabla, como el propio título lo advierte, una controversia con el sinsonte; a la vez que reconoce, en la primera redondilla de la misma, la belleza del canto de esta ave. De este sentido la disputa, propia del mejor guateque y del mejor Punto cubano, no se puede escapar de la mejor canción de nuestros campos.

Tonadista e intérprete de la décima en Cuba, reflejó su realidad con la naturaleza que la circundaba.

Eloy Romero Rodriguez

Poeta, decimista e improvisador,humorista que incursiona con Chanito en la sección Sordos de Cañón en el programa *Dímelo Cantando*.

Su niñez transcurrió trabajando en el campo, como era común para los niños de esa época, alcanzó realizar estudios primarios y recibió clases, más profundas, en el canto, la gramática, historia y literatura.

Desde joven se destacaba como improvisador y no abandonó el trabajo de carretero, y barbero. Siendo aficionado al repentismo estableció controversias con los poetas de la vanguardia de su tiempo. Nos referimos a: Justo Vega, Chanito Isidrón Patricio Lastra, José Marichal, Pedro Guerra y El Indio Naborí, entre otros. Alcanzó a ser profesional y residió en La Habana hasta 1982, año en que ocurre su muerte.

Fue seleccionado en la *Corte suprema del Arte*, junto a Justo Vega, José Marichal, y Pedro Guerra. Su voz fue escuchada en diversos programas radiales como: *Dímelo Cantando, Fiesta Guajira, Sucesos, Sordos de Cañón*, y *Broncas Matrimoniales* junto a Chanito.

Sus admiradores conservan décimas de su antológica obra:

La Experiencia

*Si la experiencia viniera
junto con uno a este mundo
ni por un solo segundo
la indecisión existiera.
Entonces la vida fuera
una gloria, y más que una,
pero es tan inoportuna
que siempre se está ocultando
y viene a aparecer cuando
ya no hace falta ninguna.*

En otra décima decía:

*Siempre en la vida verás
los malos sobre los buenos
porque lo que pesa menos
es lo que se eleva más.
(…)*

Eloy Romero Rodríguez

Repentista, San Antonio de Cabezas, Matanzas y de Cuba. Gran valor en sus décimas sobresale su chispa humorística como una característica recurrente en muchas de ellas. Entre sus actuaciones se destacan las controversias realizadas con Chanito Isidrón Torres, como ejemplo: «Los sordos de cañón». Chanito lo consideró un excelente humorista. En su tiempo fue uno de los mejores poetas de Matanzas y aún, esta referencia, se mantiene en la actualidad.

Raúl Rondón, El Bardo Camagüeyano

Poeta, decimista y vocalista. En 1937 comienza su carrera artística profesional. Se le reconoce que fue un destacado vocalista, aunque más porque situó, en un lugar cimero, la música tradicional cubana (campesina). Participó en caravanas artísticas, actuaciones en la Brigada artística Raúl Gómez García, en eventos gubernamentales para delegaciones extranjeras, en escenarios de instalaciones para el turismo internacional.

Enrique Arredondo, Bernabé, entregandole un reconocimiento

Diversos programas de la radio en algunos compartió con el poeta Chanito Isidrón y la televisión contaron con su presencia y talento artístico. Asistió a un gran número de actividades en centros culturales y docentes. Y es válido mencionar sus actuaciones en las semanas de Cultura de su municipio de residencia y de la provincia que le vio nacer, así como en las Jornadas Cucalambeanas, festivales y concursos Campesinos.

Su repertorio es extenso y de su propia creación. Dentro de los premios y distinciones alcanzadas podemos citar: la Orden Nacional Raúl Gómez García, diplomas por su participación en concursos de la Décima Mural, cartas de reconocimientos por la destacada labor realizada. En su última evaluación artística le fue concedida la categoría: A.

Poeta que, fundamentalmente, destaca su labor como tonadista. En sus controversias sobresalen la sostenida con el Jilguero en el programa *Progreso campesino*, de Radio Cadena Habana.

Emiliano Sardiñas Copello

El poeta de la Mochila. Poeta, decimista humorista. Ha cursado diferentes cursos de solfeo, gramática, teoría literaria, técnica vocal y los seminarios de improvisación. Su vida artística, se inició tempranamente: Desde la enseñanza primaria cantaba canciones y poseía dotes de comediante.

En 1986, como repentista aficionado, participó en las noches campesinas. Durante su etapa en el Servicio Militar Obligatorio (SMO), ganó premios en varios de los prestigiosos Festivales de la FAR. Dentro de su aval es importante mencionar su papel como profesor de los talleres de repentismo infantil en Cuba y en otros países de Iberoamérica.

Entre los galardones que le han sido otorgados es oportuno mencionar: Premio Nacional en el Concurso Joven Improvisador; Premio de la Popularidad compartido con Irán Caballero en el Concurso Pablo L. Álvarez Wicho, en 1995; Tercer Premio en el concurso Justo Vega, Las Tunas, en 1995; Segundo Premio Nacional Justo Vega, Las Tunas en 1997; Segundo Premio en el Concurso Justo Vega en 1998; Premio Especial de Marta Elena en México, entre otros premios.

Su obra fue avalada por Chanito Isidrón desde muy joven.

Es loable su labor como humorista contemporáneo. Posee estabilidad en la improvisación de temas serios. Tiene gran carisma, sobre todo en el público femenino.

Primitivo Fortúm del Sol, Colorín

Poeta, improvisador y tonadistas. Inicia su labor artística profesional en 1930, en la provincia de Cienfuegos. Desde su comienzo mantuvo un gran interés por el desarrollo y difusión del folclor campesino.

Entre las múltiples actividades se destaca, la creación del programa infantil de música campesina en la radio que propició el surgimiento de artistas como Coralia Fernández, Juana María Casas, Orlando Vasallo, José Tejedor, entre otros.

Cabe resaltar su participación en las caravanas artísticas, y festivales de música campesina, Concursos de la Décima Mural, en Jornadas Cucalambeanas, eventos del gobierno para delegaciones extrajeras y el Turismo Internacional y en los Centros docentes.

Tiene grabaciones de disco con RCA Victor. Realiza actividades con la brigada Raúl Gómez García. Su tonada es una de las clásicas al igual que la de tonada del café de Chanito Isidrón.

Por su labor fue estimulado con diplomas y cartas de reconocimiento que acreditan su desarrollo artístico y profesional. Obtuvo la distinción por la Cultura Nacional.

Ampliamente reconocido por su tonada, con el Colorín… A pesar que en su momento la finalidad de esa tonada era comercial caló en diferentes sectores sociales, y hoy día, es una de las tonadas clásicas que da belleza a la décima cubana. Durante mucho tiempo permaneció como pareja de canturía con Dilio Morales.

Gustavo Tacoronte García

El sinsonte de la Portada. Según Jesús Orta Ruíz, en la velada realizada en La Portada, un mes después del fallecimiento de Tacoronte, en agosto de 1980, y en presencia de sus familiares y compañeros refiere que le conoció en una canturía realizada en la casa de Pastor Domínguez, en San José de las Lajas (1937), acompañado por el laudista Alfredo Hernández. Tacoronte, por aquel entonces, contaba con 15 o 16 años. Se caracterizaba por la suavidad en su trato, mirada llena de preguntas y una sonrisa permanente.

Naborí descubrió en Tacoronte la germinación de un verdadero poeta con la singular capacidad de improvisar. Entre estos dos grandes de la décima cubana nació una simpatía recíproca, identificándose como amigos y se intercambiaban a menudo libros personales y recomendaciones de lectura.

Gustavo Tacoronte fue un poeta autodidacto que reflejaba, en sus improvisaciones, un amplío mar de saber. Por esa razón lo sitúan entre los mejores repentistas de Cuba.

Naborí dirigía en Radio Progreso el programa *Jirón Campesino* y, a petición de este, integró el Cuarteto de Las 20 primaveras. Este poeta es reconocido por Naborí como la figura Nacional de la poesía vernácula. Cantó innumerables veces, verdaderas maravillas poéticas, durante noches enteras. Obtuvo numerosos premios: entre ellos el diploma del primer lugar a la mejor décima por el Día de la Rebeldía Nacional, de la CTC, el 26 de Julio de 1971, firmado por el Indio Naborí, este último fue miembro del Jurado. Asistió a las Jornadas Cucalambeanas y a las actividades por la Zafra del 70, entre otras.

Gustavo Tacoronte, fue un cubano que supo mantener este llamado género de la música tradicional cubana, su cultura la puso en función de sus colegas y amigos, gran conocedor de la obra de Chanito Isidrón.

Chanito, en el balcón de su vivienda en Nuevo Vedado, Ciuda de La Habana

Me hago eco de la voces de Jesús Orta Ruíz, Orlando Laguardia, de sus colegas, amigos y familiares, y admiradores para decir que fue un poeta campesino cubano que se destacó por su rica imaginación, fina sensibilidad y una cultivada inteligencia.

Ángel Valiente Rodríguez

Poeta, decimista e improvisador. Cursó la enseñanza elemental en una escuela pública de su barrio natal, Jaruco. Trabajó en las Vegas de tabacos y en otros oficios. A los 9 años ya improvisaba en los guateques campesinos, desarrollándose como decimista e improvisador.

En 1934 Justo Vega se interesa por el joven trovador y lo da a conocer en su programa radial de la coco. En 1940 pasa a la cadena Azul y más tarde a la CMQ, en programas estelares campesinos.

Fue la pareja de canturía de Jesús Orta Ruíz, en los años 1955 y 1956, y participó junto a Naborí en las competencias nacionales de trovadores. La primera controversia improvisada en la cual participó fue en el Casino Español de San Antonio de los Baños y la segunda en Campo Armada, en La Habana.

Cuando empezaba el duelo poético con Naborí las tardes se llenaban de metáforas, símiles, e imágenes rutilantes y destellos sonoros.

Su canto expresaba el sentir de todo un pueblo que repudiaba la sangrienta dictadura Batistiana. Su décima era amorosa y altiva, su verbo saeteaba el lenguaje con exactitud, utilizaba el adjetivo exacto, la rima original adornada de bellas temáticas.

Me dice Rolando Ávalo, instructor de teatro y fundador de los talleres de repentismo, en el panel del Cubadisco, en el Cidvi (Centro Iberoamericano de la Décima y el Verso Improvisado en La Habana), 2010, «... Inolvidables fueron las actuaciones de Angelito Valiente, al punto de afirmar sus seguidores que improvisaba más con las manos y el rostro que con la voz». A excepción de otros, aquí, sí se combinaban bien los elementos que ayudan a una sincera representación. Una anécdota memorable lo confirma, y ocurrió en 1955, en San Antonio de los Baños, durante la «controversia del siglo», junto al Indio Naborí, cantando al tema del amor.

Entre sus cualidades como buen decimista lo avalan su facilidad para la improvisación. Además, lograba improvisar las décimas con rapidez y entregarlas con gran belleza y pulcritud poética. El público lo ovacionaba eufóricamente pues sus manos y gesticulaciones literalmente hablaban, es decir, era un actor de teatro en la escena que se ganaba con su actuación la aceptación de los presentes.

Chanito junto al popular cantante puertorriqueño Luisito, El Cantor de la montaña

Chanito en familia con su esposa María Esther y sus hijos Ricardo y Chano

Justo Vega Enríquez

Poeta, decimista e improvisador. Humorista en sus controversias de tira, tira con Adolfo.

Con escasos años empieza a cultivar el repentismo. En 1934 funda el Cuarteto de trovadores cubanos, integrado por Bernardo Vega, Pedro Guerra, Alejandro Aguilar, entre otros. Esta agrupación ofrece conciertos en La Habana y pueblos aledaños. En aquella etapa son alquilados por una hora en la radio CMCO de García Sierra.

En 1939 dirige la publicidad de la firma Partagás (aquí estuvo 14 años) cantando tonadas y décimas de pueblo en pueblo. Si bien estas empresas tenían fines comerciales, muchas de ellas promovieron con gran acierto a poetas y tonadistas cultivadores y exponentes de la décima.

Por su contribución a la décima campesina es reconocido popularmente como «El caballero de la décima». Al triunfar la Revolución, se integra a las tareas de la misma en su programa *Patria Guajira*, en el cual improvisa espinelas alegóricas al campesinado.

En 1968 canta en programas de la radio y la televisión con su pareja poética: Adolfo Alfonso, comparte escenarios con el poeta Chanito Isidrón. Visita varios países donde cosecha disimiles triunfos. Justo, caracteriza sus décimas por una gran belleza que se van entrelazando con sus adjetivaciones.

Nos dice Rolando Ávalo: «no podemos negar, entre los consumidores del repentismo, que alguna que otra vez hemos visto en televisión, todavía de vez en cuando la ponen, esa admirable pareja de repentistas compuesta por Adolfo Alfonso y Justo Vega. Como sabemos, sus controversias tenían una dramaturgia muy bien definida. Ellos actuaban como rivales, diciéndose todo tipo de ofensas. Si uno reía, el otro se ponía serio y viceversa. El gran público de aquel entonces disfrutaba mucho sus escenificaciones y éstas ayudaban a ganarse la popularidad.

Lograba impactar al público con las famosas controversias con Adolfo Alfonso en la modalidad de «tira-tira» en la cuales mostraban gran valor dramatúrgico asimilado por su pueblo en la radio y la televisión.

Rafael Rubiera García

Poeta, repentista, humorista. Sus primeros estudios lo realizó en su Municipio natal, y su vida artística en Madruga, sus primeras publicaciones: *Silabas de Yagua* (1956), *Soneto de Trinchera*(1963), *Sin Fecha* (1963), *Revista Isla* (Universidad Central de las Villas, 1963). Escribió en las revistas *Bohemia* y *Verde Olivo*. Obtuvo disimiles premios y distinciones: Competencias de Pie Forzados, Juegos florales, Jornada Cucalambeana Nacional. Consta con tres premios nacionales de Radio Rebelde por el programa *Vivimos en Campo Alegre*, resultó Premio Nacional (como Intérprete), Fue director y escritor de programas campesinos. Recibió la medalla por el 20 Aniversario de Radio Rebelde, la distinción de la Cultura Nacional en la Medalla Raúl Gómez García, La distinción Viajera Peninsular otorgada por la Casa Naborí, y la Medalla Antero Regalado de la ANAP .Compartió en varias ocasiones programas de radio escenario con Chanito Isidrón.

Francisco Riverón Hernández

Sus primeros estudio lo realiza en Güines. Escribía en la revista *Bohemia*, dentro de sus poemas se destaca la epístola, «El José de los cubanos», 1953, en el Centenario del apóstol, divulgado en la radio y por algunos de sus libros como: *Cosecha* (1954), *Décimas y cuatro poemas civiles* (1956). Escribió otros como: *Surca y Taberna* (1950), *Antología Guajira* (1958), *Caimán sonoro* (1969), *La Voz que no se perdió* (1959), *Amor y 365 Días* (1960), *El Usted de la voz* (1961), *Postigo al Amor* (1962), *Todo el Amor* (1963), *La Voz de los Objetos* (1964), *Las Mejores décimas de amor* (1965). Fue redactor publicitario y escritor de programas radiales, obtuvo el premio especial de la poesía en el concurso conmemorativo Eduardo, R. Chivas, en 1952. Participó en el Homenaje a la Décima, Matanzas, 1957. Fue jefe de la página campesina del semanario Humorístico *Zig-Zag* (1957-1960). Colega de décima Humor de Chanito. Participó en el Encuentro de Escritores y Artistas, celebrado en Camagüey, 1960, y en el Congreso Nacional de Escritores y Artistas de Cuba, La Habana, 1961. Escribió en las revistas *Estudiantil de Güines*, *La correspondencia*, Cienfuegos y en otras de países como China y México. Trabajó en el periodismo cinematográfico, en el Noticiero Nacional de la Televisión Cubana. Compuso la letra y música de

Zarzuela y Bodas Guajiras, en 1963. Fue fundador y director del programa campesino *Renacer cubano*, de Radio Marianao (planta radial municipal que desapareció al mediados de los setenta) y escritor del programa estelar televisado *Palmas y Cañas*. Su trabajo le permitió alcanzar una gran repercusión en el pueblo güinero, y en Cuba.

Calabazar de Sagua
*Enamorada canción
hecha con risa del agua,
en Calabazar de Sagua
siento a Chanito Isidrón.
Y como si el corazón
lo sembrara un sentimiento;
su verso contando un cuento
de recuerdos que le duelen,
es una caña que muelen
trapiches del sol y viento.*[43]

Riverón tuvo un gran valor antropológico, buen improvisador, se destacó en el ámbito de la décima escrita, uno de los primeros con Jesús Orta Ruíz en contribuir en la metaforización de las décimas. Cultivó distintas formas del verso. Pero la décima es la forma más utilizada y de mayor acierto lírico en este poeta. Es recordado popularmente y sobre todo a partir de la controversia relacionada con los esplendidos ejemplos de *La Edad de Oro* de José Martí, con Chanchito Pereira, en Cajío.

[43.] Francisco Riverón Hernández. Libro *Caimán Sonoro*.

ACERCA DEL AUTOR

Amor Benítez Hernández

Amor Benítez Hernández (Jagüey Blanco, Palma Soriano, Santiago de Cuba). Licenciada en Filosofía en la Universidad de la Habana, profesora de Educación Superior, con categoría de instructor, promotora cultural e investigadora.

Trabajó como profesora del Pedagógico Superior de Manzanillo, 1983. Fue directora de las instituciones: Casa de Cultura Alejo Carpentier y Biblioteca Municipal Antonio José Oviedo del Municipio Jaruco. Recibió la Medalla Bachiller y Morales, máxima distinción que otorga la Biblioteca Nacional José Martí, 1984-1998.

Promotora cultural en la Rampa, 1999. La declaran talento de Oro por la ANIR. Realizó el Coloquio, Promotor/promoción en el Centro de Prensa Internacional. También desarrolló una ardua labor en el Proyecto Sur de la Uneac. Trabajó como especialista en el Centro Iberoamericano de Décima y el Verso Improvisado (2001-2007),

Fundó el primer archivo histórico adscripto al Mincult y a la Biblioteca Nacional José Martí. Así como los talleres de Cuerdas, laúd, tres y Guitarra, Raúl Lima, 2001-2017. Ha publicado en el periódico Habanero, y el proyecto Franboyán, y el artículo «La injusticia entre dos poetas, Ernesto Ramírez y Jesús, (Tuto), García, Revista *Habanamé*. Realizó la ponencia, Tres décadas de poesía oral improvisada, asesorada por Jesús Orta Ruíz, El Indio Naborí, y en el evento de Nabirí, de la Universidad de Matanzas.

Autora del libro *Recuento de Puño y Letra de Chanito Isidrón* (Ed. Letras Cubana), presentado en la Feria del Libro Internacional de La Habana, 2009. Posee varios libros inéditos de poetas repentistas como: *Laguardia 80, El Guambán de la alegría. Tonada y décima. De la tierra a las Estrellas. Julito Martínez, En el corazón del laúd. Miguel Ojeda. Los poetas Jaruqueños.*

BIBLIOGRAFÍA

Bode Hernández, Germán. *Décimas rescatadas del aire y del olvido.* La Habana, Fundación Fernando Ortiz, 1997.

Boscán y Garcilaso: *Poesías.* Editorial Nacional de Cuba, Consejo Nacional de Cultura. La Habana, 1963.

Chabás, Juan: *Historia de la Literatura española.* Consolidada de Artes Gráficas, La Habana, 1962.

Décimas para la historia. *La controversia del siglo en verso improvisado.* La Habana, Ed. Letras Cubanas, 2004.

Díaz Pimienta, Alexis. *Teoría de la improvisación. Primeras páginas para el estudio del repentismo.* La Habana, Editorial Unión, 2000.

Diego, Eliseo. *Obras poéticas.* La Habana, Ed. Letras cubanas, 2001.

Feijóo, Samuel. *Los trovadores del pueblo.* Dirección de Publicaciones Folklóricas. Universidad Central de las Villas. 1960.

_____ *Cuarteta y Décima.* Biblioteca Básica de Literatura Cubana, La Habana. Editorial Letras. 1980.

López Lemus, Virgilio. *La décima renacentista y barroca.* La Habana, Ed. Unión de Periodistas de Cuba, 2002.

_____ La décima constante. Las tradiciones oral y escrita. La Habana, Fundación Fernando Ortiz, 1999.

Menéndez Alberdi, Adolfo. *La décima escrita.* La Habana, Ed. Unión, 1986.

NÁPOLES Fajardo, Juan Cristóbal "El Cucalambé": *Poesías completas.* Biblioteca Básica de Literatura Cubana, La Habana, Ed. Arte y Literatura, 1974.

Poesía criollista y siboneísta. *Antología. Biblioteca Básica de Literatura Cubana.* Editorial Arte y Literatura, La Habana, 1976.

TERESA Linares, María. El punto cubano. Santiago de Cuba, Ed. Oriente, 1999.

TRAPERO, Maximiano. La décima. Su historia, su geografía, sus manifestaciones. Gran Canaria, Universidad de Las Palmas de Gran Canaria, 2001.

TRAPERO, Maximiano y colectivo de autores: *El Libro de la Décima y el Verso Improvisado.* Las Palmas de Gran Canarias, 1996.

ZEQUEIRA y Rubalcaba. *Poesía.* Comisión Nacional Cubana de la Unesco. Ciudad de la Habana. 1964.

Otros títulos

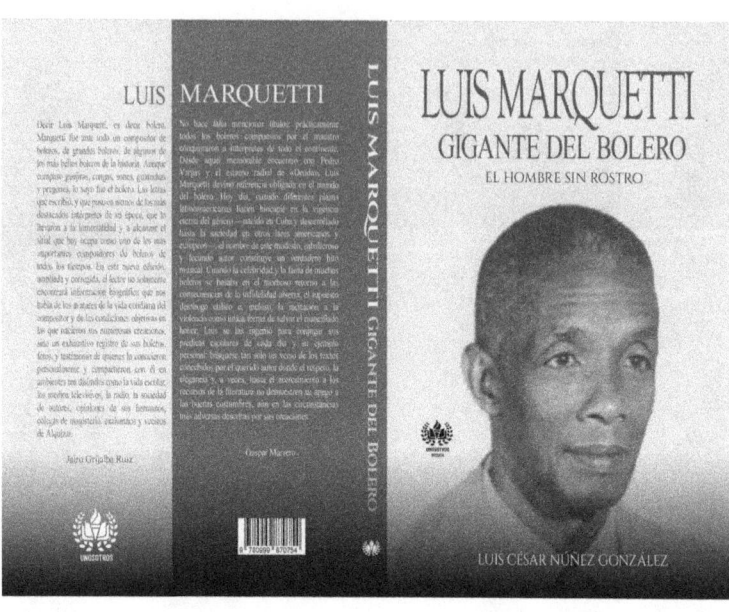

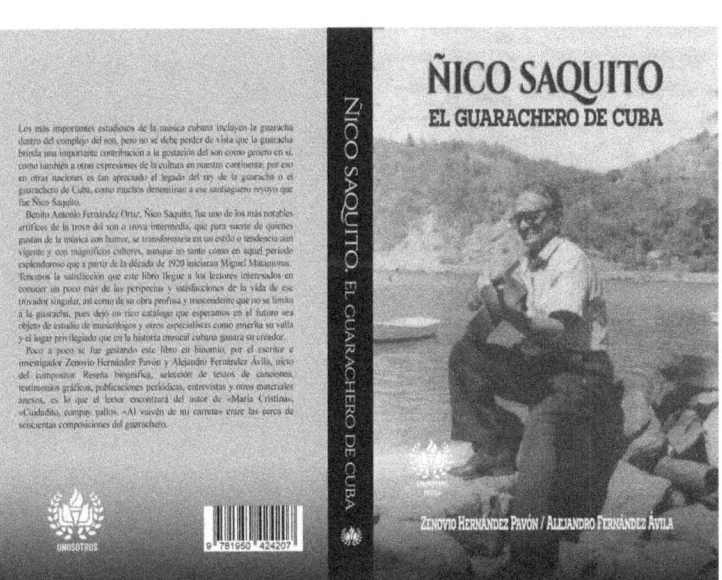

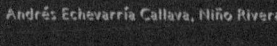

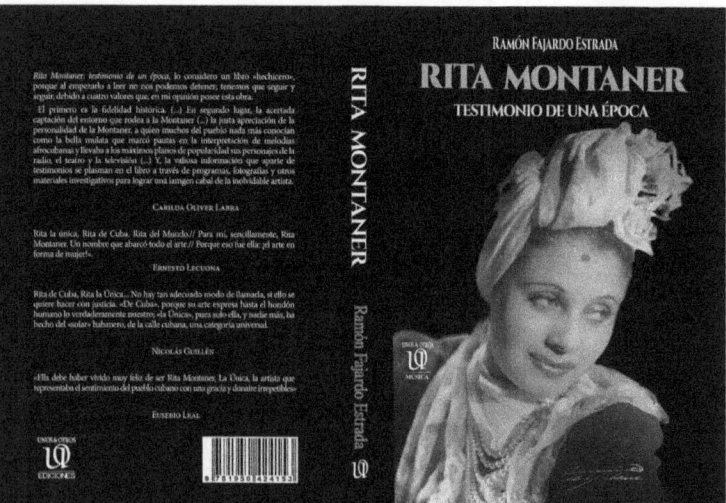

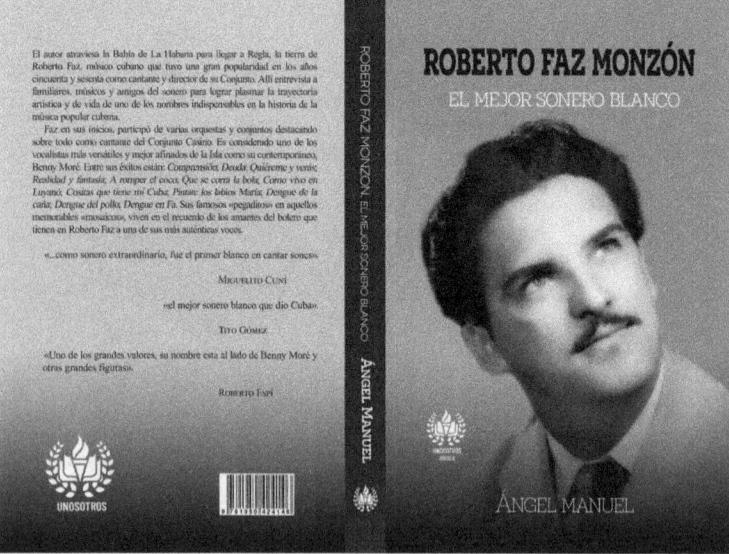

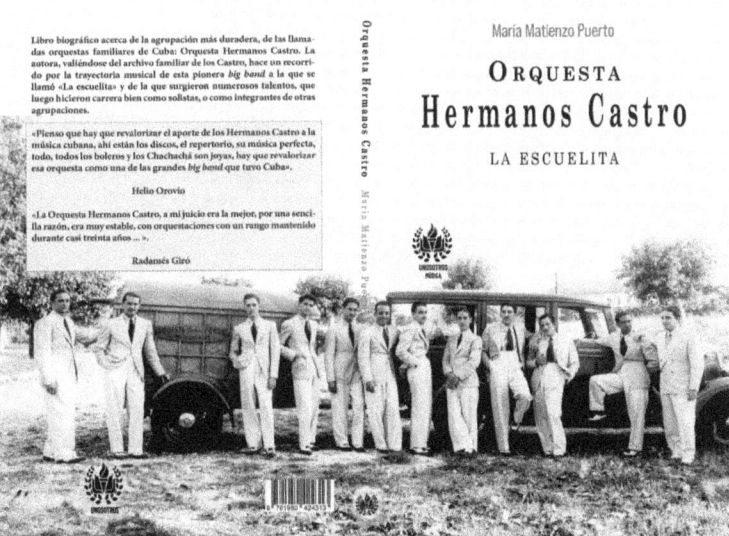

www.unosotrosediciones.com

infoeditorialunosotros@gmail.com

UnosOtrosEdiciones

Siguenos en Facebook, Twitter e Instagram:

www.unosotrosediciones.com

www.ingramcontent.com/pod-product-compliance
Lightning Source LLC
Chambersburg PA
CBHW051802040426
42446CB00007B/473